浙江省基础教育装备发展报告及应用案例(2023版)

殷常鸿 编著

浙江工商大学 出版社
ZHEJIANG GONGSHANG UNIVERSITY PRESS
·杭州·

图书在版编目（CIP）数据

浙江省基础教育装备发展报告及应用案例：2023 版 /
殷常鸿编著. -- 杭州：浙江工商大学出版社，2024.
11. -- ISBN 978-7-5178-6249-9

Ⅰ. G639.2

中国国家版本馆 CIP 数据核字第 2024FU0151 号

浙江省基础教育装备发展报告及应用案例（2023 版）
ZHEJIANG SHENG JICHU JIAOYU ZHUANGBEI FAZHAN BAOGAO JI YINGYONG ANLI
（2023 BAN）

殷常鸿 编著

策划编辑	周敏燕
责任编辑	童江霞
责任校对	杨　戈
封面设计	蔡思婕
责任印制	祝希茜
出版发行	浙江工商大学出版社

（杭州市教工路 198 号　邮政编码 310012）

（E-mail：zjgsupress@163.com）

（网址：http://www.zjgsupress.com）

电话：0571-88904980，88831806（传真）

排　　版	杭州朝曦图文设计有限公司
印　　刷	杭州宏雅印刷有限公司
开　　本	787mm×1092mm　1/16
印　　张	11.25
字　　数	220 千
版 印 次	2024 年 11 月第 1 版　2024 年 11 月第 1 次印刷
书　　号	ISBN 978-7-5178-6249-9
定　　价	58.00 元

序

当今世界正经历百年未有之大变局，全球政治经济体系正发生深刻变革，关键核心技术成为国之重器，是大国间竞争的核心，而突破关键"卡脖子"技术的根本是创新人才培养。基础教育作为人才培养的起点，是助力建设世界重要人才中心和创新高地的发端。积极探索基础教育拔尖创新人才培养新途径，做好人才早发现、早培养，是建设教育强国的题中应有之义。2023年5月29日，习近平总书记在中共中央政治局第五次集体学习时强调："建设教育强国，基点在基础教育。基础教育搞得越扎实，教育强国步伐就越稳、后劲就越足。"

实验教学是国家基础教育课程方案和课程标准规定的重要教学内容，是建构各学科理论体系的基础，是学生获取知识、拓展课堂学习的主要手段，对于培养学生发现问题、解决问题的能力，对于培养创新性思维与创新性人格等都具有重要作用。教育装备作为基础教育学校实验教学开展的物质基础，不但是学校教育运维的根本，还是实现教育信息化、现代化的支撑。可以说，教育装备的建设与发展，在一定程度上决定了学校教育发展的成效与质量，历来是国家制定政策文件时关注的重点。党的十八大以来，国家先后出台《中国教育现代化2035》、《关于加强和改进中小学实验教学的意见》（教基〔2019〕16号）、《教育部等六部门关于推进教育新型基础设施建设构建高质量教育支撑体系的指导意见》（教科信〔2021〕2号）、《教育部等十八部门关于加强新时代中小学科学教育工作的意见》（教监管〔2023〕2号）等系列文件，强化了基础教育装备的建设。

然而，随着信息技术的快速发展以及人工智能技术的迅猛进步，传统教育装备行业的发展模式与教育教学应用都面临着严峻的挑战。如何有效地对各地基础教育装备的建设与应用成效进行经验总结，结合国际先进教育理念从理论上构建一套完善的体系架构，为各地的教育装备管理部门提供理论指导，引领基础教育装备生产企业的健康发展，指导中小学校的装备建设，积极推动基础教育装备的高质量发展，已成为各地基础教育装备建设和发展所面临的新挑战。

《浙江省基础教育装备发展报告及应用案例（2023版）》一书的出版，不但是解决上述问题的开山之作，也是对浙江省基础教育装备建设进行实践总结、对策思考与发展展望的应急篇章，还是基于历史的、国际的、学理的多视角系统谋划省域范围如何应对人工智能融合教育发展的探索之作。该报告以浙江省基础教育为依托,分别从浙江省基础教育装备产业的发展脉络、应用现状与未来发展趋势等角度出发,系统地分析了浙江省基础教育学校的发展现状和发展趋势,并对基础教育装备的产业布局、发展态势以及基础教育学校的实际需求进行了系统梳理,数据翔实,逻辑清晰,论证充分,结论具有很强的引领和推动作用,这既为浙江省相关的教育装备企业进行产品规划、生产布局提供了有效指导,也为相关政府管理部门提供了决策依据。

纵观本书,理论阐释系统,数据动态全面,调研科学合理,对基础教育装备发展趋势的预测针对性强,较为真实地展现了浙江省基础教育装备产业发展的数字化形象,具有很强的实效性、实用性、前瞻性、指导性和推动性,既为浙江省基础教育装备产业发展提供了引领,也为其他地区基础教育装备的建设与发展提供了参考案例。《浙江省基础教育装备发展报告及应用案例》(2023版)作为一部学术性强、针对性明确的专业性报告,非常值得教育装备行业、中小学校和政府管理部门查阅和参考。

教育部关心下一代工作委员会常务副主任

中国教育装备行业协会原会长

2024 年 10 月

前　言

　　基础教育装备是为实施和保障中小学教育活动所需的教具、学具、文具、器材、设施、仪器、用品以及相关软件系统等的统称。它是学校建设的必备基础，也是支撑学生进行学习活动的物质基础。浙江省作为中国经济、教育大省，其基础教育装备产业的发展以及基础教育装备的建设一直走在全国前列。但随着信息技术的快速发展，传统的教育装备产业发展模式以及教育装备应用面临着严峻的挑战。为了更好地促进基础教育装备产业的健康发展，推动义务教育学校的教育装备建设，本报告以浙江省基础教育为依托，分别从浙江省基础教育装备产业的发展脉络、发展现状与发展趋势等角度出发，系统地分析了浙江省基础教育学校的发展规模、发展现状和发展趋势，并对基础教育装备产业的总体布局、发展态势以及基础教育学校的实际需求进行了系统梳理。本书数据翔实，逻辑清晰，论证充分，结论具有很强的引领作用，既为浙江省相关的教育装备企业进行产品规划、生产布局提供了有效指导，也为相关政府管理部门提供了决策依据。同时，为了更好地发挥报告的指导性，本书还提供了典型的智能教育装备的应用案例和成效，为校企共建基础教育装备应用场景提供了很好的样本，这也是本书区别于其他发展报告的一大特色。

　　本书调研数据系统全面、分析具体，发展趋势预测针对性强，较为真实地展现了浙江省基础教育装备产业发展的数字画像，具有很强的实效性和指导性，为浙江省基础教育装备产业的发展提供了参考方向，是一部理论与实践并重的学术著作。

　　另外，本书的执笔者，多年来一直从事与教育装备相关的研究工作，参与了深圳市、广州市、青岛市以及宁波市等多个地区的基础教育装备标准建设工作，深谙教育装备建设与学校教育教学效果之间的关联，具有深厚的理论功底、良好的学术素养，发表了数十篇教育装备研究的学术论文，为教育装备理论的完善与发展作出了重要贡献，这在一定程度上保证了本书的权威性和科学性。

　　教育装备作为一个涉及门类众多的实践应用领域，内容包罗万象，任何单一的阐述均无法对其展开充分而详细的概括，本书亦是如此（需要特别说明的是，本书中相关数据在统计时，出于各种原因，未计入港澳台数据）。正是因为教育装备内容的丰富性与复杂性，本书在撰写过程中借鉴了众多学者、专家以及研究机构的相关数据和研究报告,均在书中进行了罗列。同时,本书的撰写得到了湖州师范学院教师教育学院的相关领导、同事以及现代教育技术专业的硕士研究生吕文静、张蕾、叶凯云、韩乐儿、屈耀威以及王婷等同学的大力支持和协助,他们为本书的撰写以及统计数据分析作出了重要的贡献。在本书的出版过程中,又得到了浙江工商大学出版社相关领导与编校人员的帮助。在此,一并表示感谢。

殷常鸿

2024 年 8 月

目　录

第一章　浙江省基础教育装备投资及其发展情况 …………………… 1

　　第一节　教育装备概述 …………………………………………… 1

　　第二节　基础教育装备投入与建设情况 ………………………… 6

　　第三节　浙江省教育信息化装备发展现状 …………………… 25

第二章　浙江省教育装备企业发展概况 ……………………………… 28

　　第一节　企业规模与分布 ……………………………………… 28

　　第二节　市场规模与收益 ……………………………………… 39

　　第三节　创新应用 ……………………………………………… 45

第三章　浙江省教育装备行业发展动态及趋势 …………………… 48

　　第一节　智慧教育装备 ………………………………………… 48

　　第二节　课后服务 ……………………………………………… 59

　　第三节　STEAM 教育装备新业态 …………………………… 63

　　第四节　基础教育装备发展新业态 …………………………… 71

　　第五节　课堂教学行为分析趋势 ……………………………… 78

　　第六节　劳动教育成为教育装备发展的新赛道 ……………… 87

　　第七节　能力发展成为幼教装备企业生产的新追求 ………… 98

　　第八节　绩效评估成为教育装备研究的热点 ……………… 126

第四章 基础教育装备发展与应用案例 ················· 135

第一节 中科智能教考系统——实验操作及技能类考评的新样态 ············· 135
第二节 联课课堂智能分析系统——课堂师生互动分析新模式 ·············· 142

附 录 ···································· 151

参考文献 ································ 165

后 记 ································· 168

第一章　浙江省基础教育装备投资及其发展情况

第一节　教育装备概述

1.教育装备定义以及分类

教育装备是指在教育领域中,为实施和保障教育教学活动而配备的各种资源的总和以及对其进行相应配置、配备的行为与过程,其内涵极其丰富。因此,教育装备的分类因教育系统和教育需求的不同而有所差异,即不同国家、地区和教育机构可能会对教育装备有不同的定义和分类标准。根据学校的日常管理可以分为教学工具(如黑板、白板、幻灯机、投影仪等)、实验设备(如实验室仪器、工具、化学试剂、计量设备等)、信息技术设备(如计算机、笔记本电脑、平板电脑、智能手机等)、运动器材(如体育馆设备、运动器械、球类等)、艺术器材(如绘画用品、乐器、舞台设备等)、学习用品(如教科书、参考书籍、工作簿、练习册、各种文具等)以及配套设施与空间(如空调、风扇、食堂设备、教室装修用具、校车、校服等);根据中国教育装备展示会空间布局层次可以分为常规文具教具、通用教育装备、信息化教育装备、校园安全装备、综合素质教育装备、学前教育装备、学校后勤装备、高等教育装备以及职业教育装备等。上述教育装备的分类标准并不是泾渭分明的。本书采用后一种分类标准,即根据教育装备整体应用领域,对教育装备相关产品进行统计和分析,如图 1-1 所示。

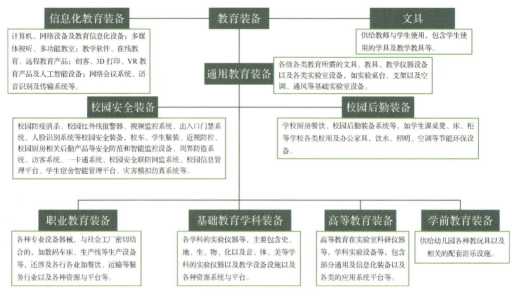

图 1-1　教育装备分类

2. 教育装备发展演变历程

（1）功能演变

随着科技的进步，尤其是信息技术、物联网技术以及人工智能的快速发展，传统的教育装备无论是在功能拓展上还是在应用效果上都发生了巨大改变，数字化、智能化成为教育装备发展与应用的主流，图 1-2 描述了教育装备功能的演变历程。

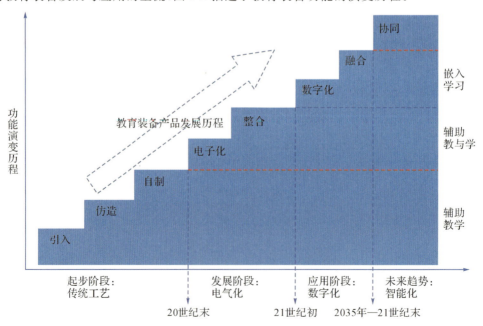

图 1-2　教育装备功能的演变历程

（2）称谓演变

"教育装备"一词是逐步演变而来的，其前身是"教具"。"教具"一词在清末的书籍中就已出现，但有关教具理论的研究却伴随新式教育理念而不断深入。教具理论研究先驱玛利亚·蒙台梭利认为："教具是提供给儿童学习时所使用的材料，旨在提升儿童的智能及改善其人格。"1916年起，陈烈勋在《清华学报》上发表了系列文章，对蒙台梭利的教具理论进行了详细的阐述与介绍。汪畏之曾表示："回顾我国，自提倡新学，创办学校迄今，为期不可谓不久。而小学教育之成绩，未能显著者，不能应用教具，亦其一大原因也。"新中国成立以后，国家大力普及学校教育，教具的功能和作用得以凸显出来，其内涵也随之丰富，其称谓逐渐演变为"教学仪器设备"，同时，"学校装备""教育装备"等称谓也在一些新闻报道、学术文章中频繁出现。此时，"教具"一词的内涵和外延都已经远超其最初的定义。

（3）组织管理机构演变

同教育装备称谓演变相对应的是与教育装备相关的管理机构、行业协会、研究机构等称谓的改变及教育装备功能和作用的转变，图1-3详细展示了它们之间的关系及发展脉络。

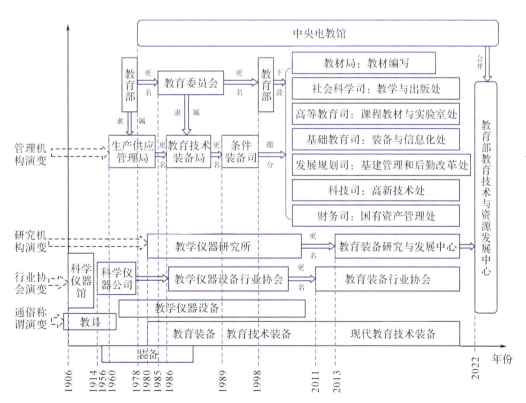

图 1-3　教育装备称谓及相关机构的演变

（4）浙江教育装备管理的演变

作为全国经济、教育大省,浙江省教育装备的实践应用与生产企业发展,都具有极强的代表性与时代性,有学者从教育技术的角度对其进行了较为详细的梳理。

①民间散发萌芽阶段。浙江省教育装备的组织管理萌芽于清末民初的民间自发育民浪潮,曾对民众教育的普及与兴起发挥了重要作用,其发展历程如图1-4所示。

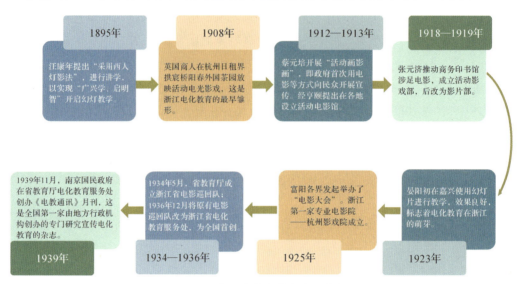

图1-4   浙江省教育装备发展脉络

②政府管理规范化阶段。到了现当代,浙江省教育装备发展逐步规范化,历经民转官阶段(1949以前)、徘徊停滞期(1949—1977年)、重新起步期(1978—2008年)以及创新发展期(2009年以来)四个阶段。其间,浙江省教育装备管理部门的名称及管理职能历经多次变更,其发展历程如图1-5所示。

浙江省教育装备的管理一直走在全国前列,早在2001年就将电教馆、教育装备以及教育信息技术等管理部门进行有机整合,成立了浙江省教育技术中心,实现了省级管理的统一,极大地提升了管理绩效。然而,在国家层面,直至2022年,中央电化教育馆(教育部基础教育资源中心)和教育部教育装备研究与发展中心才进行功能整合,成立教育部教育技术与资源发展中心(中央电化教育馆),实现了教育装备软件资源开发与硬件管理的融通,使得中央与地方行政管理达到统一。

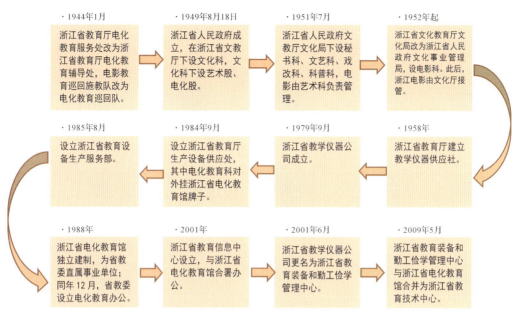

图 1-5　浙江教育装备管理机构的演变

3. 基础教育装备

基础教育装备涉及学前教育、义务教育和特殊教育,品目繁多、功能多样、规格迥异、数量庞大。随着社会经济快速发展,科学技术日新月异,教育理念、方法、内容、手段不断更新,新的教育装备产品层出不穷。为了更加明确而清晰地对其进行梳理,本研究以基础教育为研究对象,并根据中华人民共和国教育行业标准《基础教育装备分类与代码(JY/T 0595—2019)》的分类门类为案例,对其进行阐释和说明。基础教育装备按 5 级分类标准进行编码,具体为:

——第 1 级:门类。按照基础教育装备资产属性分类,共划分为 6 个门类。

——第 2 级:大类。按照基础教育装备装备属性分类,将各门类划分为若干大类。

——第 3 级:中类。按照基础教育装备使用范畴、功能用途或学科,将各大类划分为若干中类。

——第 4 级:小类。按照基础教育装备的具体品种分成小类。

——第 5 级:细类。按照基础教育装备品种的规格或属性分成细类。

其中,第 1 级为门类,也是教育装备归类的基础,具体如表 1-1 所示。

表 1-1　教育装备 1 级分类标准

门类	内容	包含内容
1	房屋附属设施	主要是基础建筑的相关内容,如房屋、体育设备等

门类	内容	包含内容
2	通用设备	信息化产品（如计算机、显示器、打印机等）
3	教学专用设备	传统的教学教具、仪器等
4	非教学专用设备	后勤使用的餐厨具、健康安保用具、用品等
5	图书、档案	各种图书以及相关的用具
6	家具、用具、装具	办公桌椅、床等用品

教育装备的各类编码标注如图 1-6 所示：

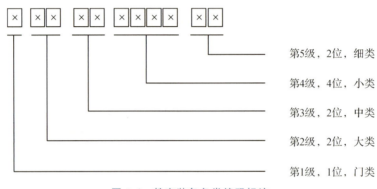

　　第5级，2位，细类

　　第4级，4位，小类

　　第3级，2位，中类

　　第2级，2位，大类

　　第1级，1位，门类

图 1-6　教育装备各类编码标注

第二节　基础教育装备投入与建设情况

1. 浙江省基础教育学校规模现状

　　教育装备的主要应用主体为学校师生，主要应用环境为学校。因此，学校的规模以及发展情况直接影响教育装备的发展，这要求教育装备管理机构以及相关企业及时关注全省中小学校的规模与发展态势，并对其认真分析。随着生活节奏的加快以及经济结构的优化，与世界发达国家人口方面所面临的困境类似，中国的人口出生率也出现断崖式下滑，浙江省也不例外。本书以浙江省统计局发布的统计年鉴以及历年《浙江省国民经济和社会发展统计公报》公布的数据为基础，对浙江省中小学校的规模以及在校生人数等数据展开分析。通过分析数据发现，2023 年，浙江省常住人口仅比 2022 年增加50 万人，增长速度明显放缓，各地人口分布如表 1-2 所示。

表 1-2　浙江省各地年末常住人口数量

单位：万人

地区	2000 年	2010 年	2019 年	2020 年	2021 年	2022 年	2023 年
全省	4677.0	5446.5	6375.0	6468.0	6540.0	6577.0	6627.0
杭州市	687.9	870.5	1161.3	1196.5	1220.4	1237.6	1252.2
宁波市	596.3	761.1	929.4	942.0	954.4	961.8	969.7
温州市	755.8	913.5	956.1	958.7	964.5	967.9	976.1
嘉兴市	358.3	450.5	533.5	541.1	551.6	555.1	558.4
湖州市	262.6	289.4	332.7	337.2	340.7	341.3	343.9
绍兴市	430.4	491.3	526.0	529.1	533.7	535.3	539.4
金华市	457.2	536.6	691.1	706.2	712.0	712.7	716.3
衢州市	212.9	212.3	226.3	227.8	228.7	229.0	229.7
舟山市	100.2	112.1	116.5	115.9	116.5	117.0	117.3
台州市	515.4	597.4	654.8	662.7	666.1	667.8	671.2
丽水市	216.2	211.8	247.5	250.8	251.4	251.5	252.8

近年来，浙江虽然是全国少数仍保持人口净增长的省份之一，但 2022 年浙江全省的人口自然净增长数仅为 0.26 万人。其中，人口自然净增长的市只有杭州、嘉兴、金华 3 市，宁波、温州 2 市人口自然零增长，人口自然负增长的市多达 6 个。到了 2023 年，浙江全省出生人口为 38.3 万人，死亡人口为 44.0 万人。人口出生率为 5.80‰，人口死亡率为 6.66‰，人口自然增长率为－0.86‰。浙江省只有杭州、金华 2 个市的人口自然增长率为正值，其他 9 个市人口自然增长率均为负值，如图 1-7 所示。

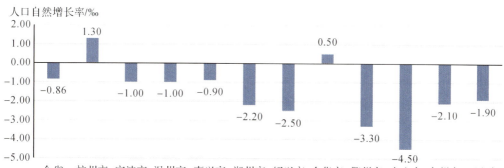

图 1-7　2023 年浙江省各市人口自然增长率

浙江省人口的这一变化趋势，也体现在幼儿园、中小学校的学校规模上。为此，笔者根据浙江省统计局的相关数据，研究了浙江省设区市 2013—2023 年幼儿园、中小学校规模以及在校（园）生数量的变化情况，如图 1-8 至图 1-9 所示。

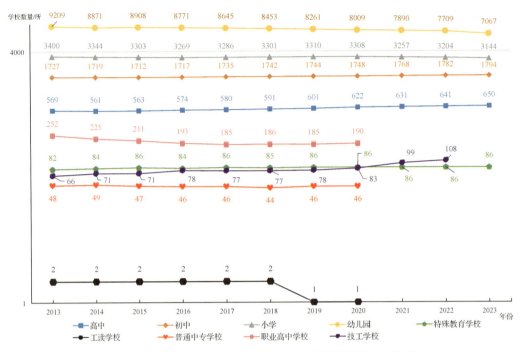

图1-8　2013—2023年浙江省幼儿园、中小学校数量变化情况

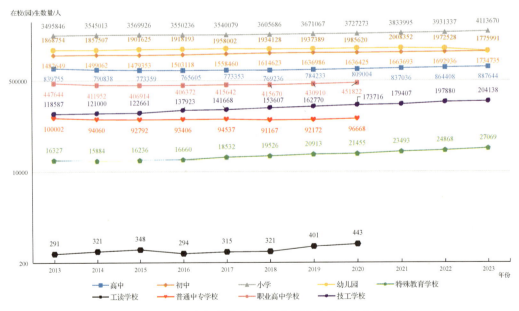

图1-9　2013—2023年浙江省幼儿园、中小学校在校（园）生数量变化情况

通过上述发展趋势图可以看出：在学校数量上，浙江省各级各类学校的数量整体都有所减少，尤其是幼儿园数量减少最为明显；在在校（园）生规模上，小学生的数量仍在增加，但幼儿园儿童的数量在减少，其滞后传导效应也将逐步显现。虽然幼儿园、中小

学校规模以及在校(园)生人数整体上都呈下滑态势,但浙江省各地具体情况又有所不同。笔者通过分析整理 11 个设区市统计局发布的教育统计报表后发现,浙江省幼儿园在园儿童数量只有杭州和湖州呈上升趋势,其他各地都呈下降趋势,具体发展趋势如表1-3 所示。

表 1-3　2013—2023 年浙江省 11 个设区市各阶段教育在校(园)生数量变化态势

地市	幼儿园在园儿童数量	小学在校生数量	初中在校生数量	高中在校生数量	特殊教育在校生数量
杭州	↑	↑	↑	↑	↑
宁波	↓	↑	↑	↑	～
温州	↓	↑	↑	↑	～
金华	↓	↑	↑	↑	↑
绍兴	↓	↑	↑	↓	↓
嘉兴	↓	↑	↑	↓	↑
台州	↓	↓	↓	↑	↑
湖州	↑	↑	↑	↑	↑
丽水	↓	↑	↓	↑	↓
衢州	↓	↑	↓	↑	↓
舟山	↓	↑	↑	↑	↑

注:"↑""↓""～"分别表示上升、下降与波动。

具体来说,杭州、宁波、温州以及金华等经济发达城市,由于城市虹吸效应,无论是高中、初中、小学还是幼儿园,在校(园)生规模变化不大,呈现缓慢上升趋势;台州、丽水以及衢州等市的各级各类学校在校(园)生数量呈整体下滑态势;嘉兴、绍兴以及舟山等城市呈小幅波动变化。特殊教育层面上,杭州以及台州的特殊教育在校(园)生数量呈上升趋势,温州以及丽水市呈下降趋势,其他各市波动变化。上述各设区市的各阶段教育(幼儿园、小学、初中、高中以及特殊教育)在校(园)生数量的整体态势及详细数据如图 1-10 至图 1-14 所示。

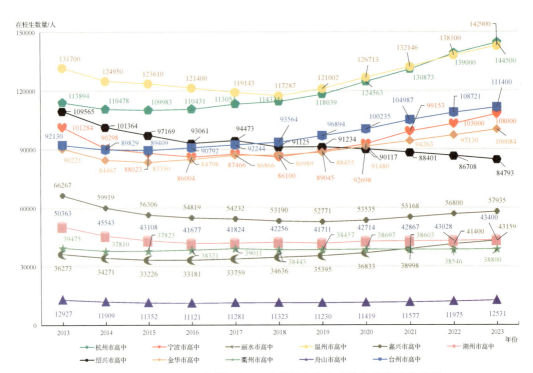

图 1-10　2013—2023 年浙江省 11 个设区市高中在校生数量变化趋势

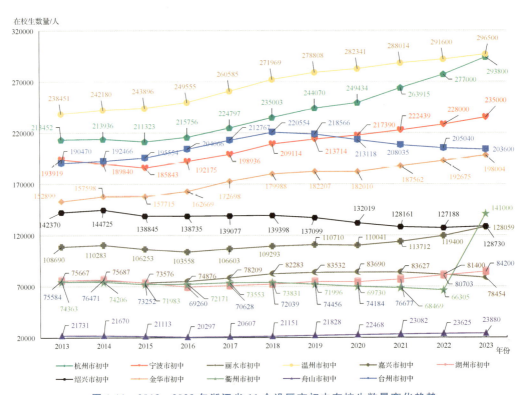

图 1-11　2013—2023 年浙江省 11 个设区市初中在校生数量变化趋势

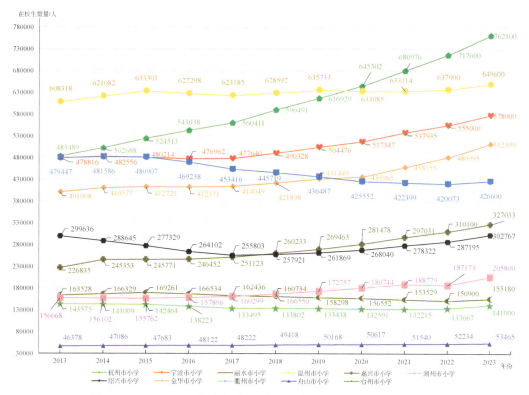

图 1-12　2013—2023 年浙江省 11 个设区市小学在校生数量变化趋势

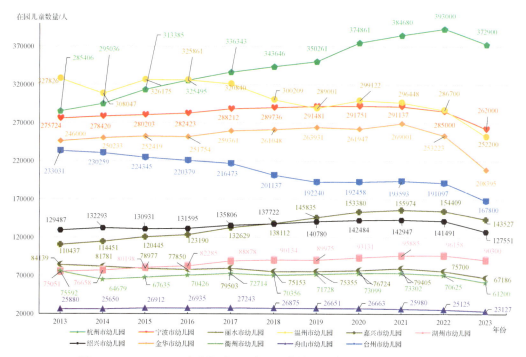

图 1-13　2013—2023 年浙江省 11 个设区市幼儿园在园儿童数量变化趋势

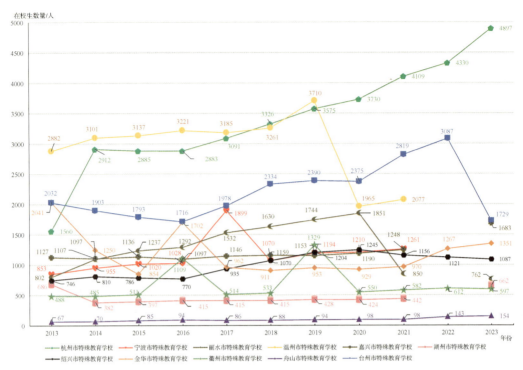

图 1-14　2013—2023 年浙江省 11 个设区市特殊教育在校生数量变化趋势

2. 全国基础教育装备发展情况

通过整理与分析近年来教育主管部门发布的数据可以发现，经过多年的发展和各级政府的持续投入，我国基础教育学校的办学条件得到了明显改善，基础教育普及总体水平已达世界中上水平。

（1）基础教育装备

基础教育各学科的实验装备、仪器是提升教学效果的重要手段和保障之一。笔者依据教育部发布的统计数据，对 2017—2022 年中小学校数量、运动场（馆）面积、体育器械、音乐器材、美术器材以及数学、科学等课程的实验仪器达标率进行了梳理①，如图 1-15 至图 1-17 所示。

---

① 2017—2022 年教育统计数据. http://www.moe.gov.cn/jyb_sjzl/moe_560/2022/。

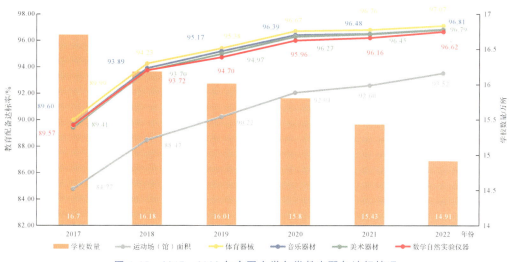

图 1-15　2017—2022 年全国小学各类教育配备达标情况

通过图 1-15 的数据可以看出,小学阶段的学校数量规模减小速度较快,但部分学校的办学规模(主要是城市小学在校生数量)却增加了,导致小学的体育运动场所和空间的达标率偏低,还有很大的提升空间。

图 1-16　2017—2022 年全国初中各类教育配备达标情况

通过图 1-16 的数据可以看出,与小学学校数量的持续减少不同,初中学校数量呈现波动发展态势,其体育运动场所的达标率仍是薄弱环节。

图 1-17　2017—2022 年全国高中各类教育配备达标情况

通过图 1-17 的数据可以看出，国家加大了对高中学校教育的投资力度，高中学校的数量一直呈现增加态势，这为提升国家高等教育普及率打下了坚实的基础。

综合全国小学、初中以及高中各类教育配备的达标情况可以看出，全国基础教育学校总体规模数量减少明显，高中学校规模有所增加，体育运动场馆、音体美以及数学、自然学科实验仪器的达标率逐年提升。

（2）信息化装备

教育部基础教育司公布的数据显示[①]，截至 2022 年底，全国中小学（含教学点）互联网接入率达到 100%，99.9% 的学校出口带宽达到 100M 以上，超过四分之三的学校实现无线网络覆盖，99.5% 的学校拥有多媒体教室，这为全面实现教育信息化、均衡化发展提供了坚实的基础。近年来，全国中小学校互联网接入率以及多媒体教室拥有率情况如图 1-18 所示。

图 1-18　2016—2022 年我国中小学校（含教学点）互联网接入率及多媒体教室拥有率情况

---

① 2017—2022 教育统计数据，http://www.moe.gov.cn/jyb_sjzl/moe_560/2022/quanguo/。

虽然信息化教育装备的门类纷杂、不同装备产品的价值与价格千差万别,但各级政府整体财政投入的统计则相对规范和准确。近年来我国基础教育信息化装备的投资建设情况如图 1-19 所示。

图 1-19　2017—2024 年全国中小学教育信息化经费投入情况

艾瑞咨询研究院(https://www.iresearch.com.cn/)发布的数据显示,2019 年我国中小学整体信息化经费占同期教育总经费(不含人员经费)的 18.05%,其中,小学占比最高,达到 18.7%。按照类型来看,作为基础设施的网络与设备费用占比超过 40%,成为最大的信息化经费支出项目,这一定程度上与硬件设备整体造价较高有关。从学段来看,不同学段的投入方向存在一定的差异,学段越高,在基础设施与数字资源上的投入占比越低;学段越低,在培训及运维服务上的投入占比越高。投资建设资金中,软件资源占 11%,硬件设备占 43%,专业服务占 46%。各学段信息化经费占教育总经费的比例如图 1-20 所示。

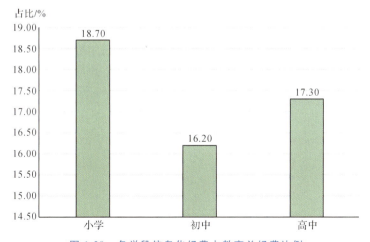

图 1-20　各学段信息化经费占教育总经费比例

通过分析上述数据可以发现，小学的信息化装备投入力度最大，其次是高中，最薄弱的是初中。然而，初中是学生从小学到高中的过渡阶段，也是学生打好学习基础的关键阶段，更需要优质的教育资源和教育环境。教育装备作为提升师生教与学效率和效果的重要基础，更应该加大投资力度，以适应初中教育发展的需求。因此，初中学校的信息化装备建设和投资力度还有很大的提升空间。

信息化作为一项系统工程，内涵十分丰富。为了更好地发挥有限资金的利用率，需要对资金的投入进行合理化安排。为此，笔者分别从信息化服务、软件资源开发以及硬件占比等维度对全国中小学校信息化装备投入资金进行分析。通过数据可以看出，当下中小学校信息化建设还停留在基础硬件建设以及教师培训、售后维修等方面，软件资源开发还是薄弱环节。具体投资情况如图 1-21 所示。

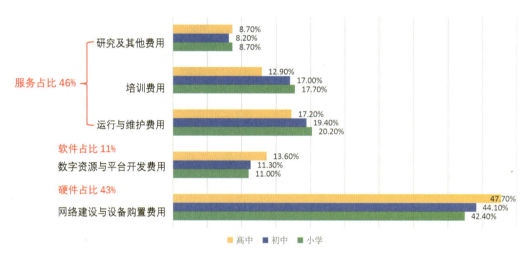

图 1-21　2019 年中国中小学校教育信息化投入情况（分类型）

为了更加系统地了解浙江省信息化教育装备的建设情况，笔者根据教育部官方公布的数据，对内地 31 个省区市的义务教育阶段中小学校的网络多媒体教室、人均数字终端等关键装备信息化的配备情况进行了详细梳理。

网络多媒体教室覆盖率是指学校里网络多媒体教室占学校所有教室的比率。全国小学学校网络多媒体教室覆盖率的平均水平为 72.43%。截至 2021 年，浙江省小学学校网络多媒体教室的覆盖率有了较大提高，仅次于北京与上海，位列第三，其他省市网络多媒体教室覆盖率如图 1-22 所示。

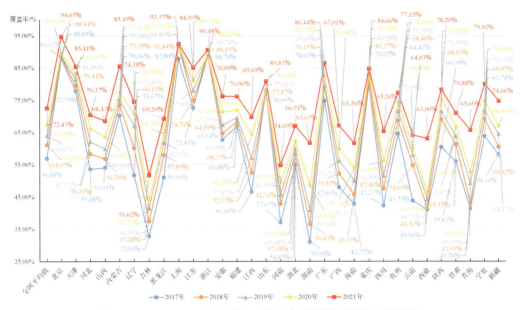

图 1-22　2017—2021 年内地各省区市小学网络多媒体教室覆盖率

　　浙江省初中学校网络多媒体教室的覆盖率为 85.37%,其建设情况低于小学学校,位列全国第四,低于北京、上海以及广东。其他各省区市初中学校多媒体网络教室的覆盖率如图 1-23 所示。

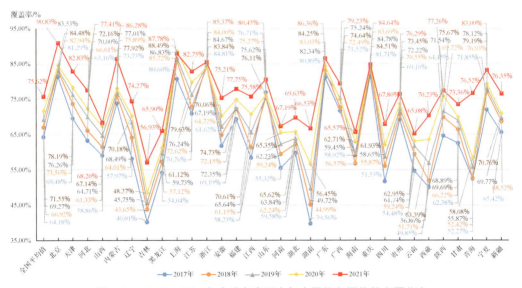

图 1-23　2017—2021 年内地各省区市初中网络多媒体教室覆盖率

　　浙江省高中学校网络多媒体教室覆盖率为 79.87%,明显低于小学与初中学校,位列全国第十,还有巨大的提升空间。其他各省区市高中学校网络多媒体教室的覆盖率如图 1-24 所示。

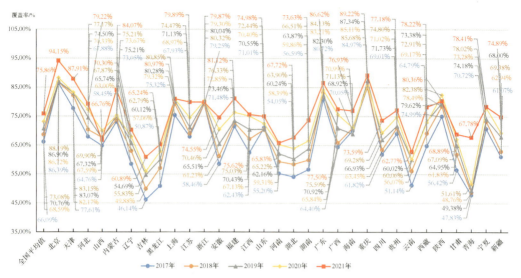

图 1-24　2017—2021 年内地各省区市高中网络多媒体教室覆盖率

　　除了网络多媒体教室覆盖率以外，各阶段教育的生机比也是衡量其教育装备现代化水平的重要标准。所谓生机比，是指在校生数量与学校使用计算机的教师和学生的总数之比，数值越大说明学校计算机配备率越低。基于此，笔者对内地 31 个省区市的小学、初中以及高中学校的生机比进行统计，具体情况如图 1-25 至图 1-27 所示。

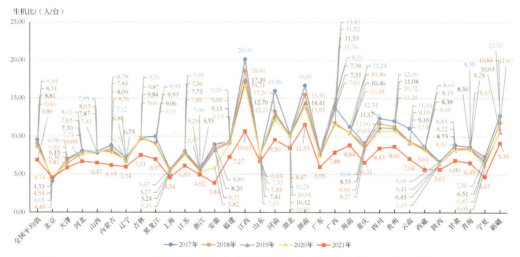

图 1-25　2017—2021 年内地各省区市小学的生机比（每台数字终端机使用的学生人数）

图 1-26　2017—2021 年内地各省区市初中的生机比（每台数字终端机使用的学生人数）

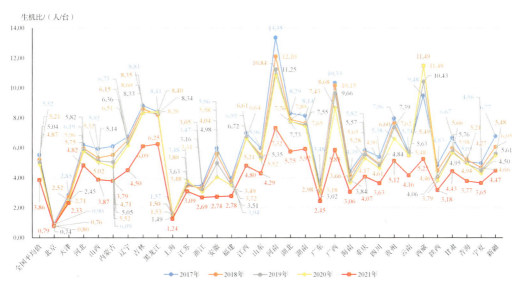

图 1-27　2017—2021 年内地各省区市高中的生机比（每台数字终端机使用的学生人数）

通过对比可以发现，浙江省小学学校的计算机配备率为每 4.92 名同学拥有一台数字终端机，位列全国第五，低于安徽、上海、宁夏以及北京；初中学校的计算机配备率为每 2.92 名同学拥有一台数字终端机，位列全国第二，仅次于上海；高中学校的计算机配备率为每 2.69 名同学拥有一台数字终端机，位列全国第七，低于北京、上海、天津、广东、安徽以及福建。截至 2014 年，我国中小学校学习终端更加多样化，包括 PC、笔记本、智能平板等，小学学校生机比达到 3.7，中学学校生机比达到 4.1，高中学校生机比达到 3.3，师机比 1.4。因此，从整体上来说，内地各省区市各学校的计算机配备率还需要进一步提升，尤其是小学学校的生机比还有进一步改善的空间。

3. 浙江基础教育装备发展情况

　　浙江省对教育教学基础设施建设以及教育数字化改革的相关资金投入一直处于全国各省区市的前列,通过分析 2011—2022 年度浙江省教育技术中心发布的《浙江省普通中小学教育技术装备统计分析》可以看出,浙江省的教育装备投资规模呈现整体上升趋势,如图 1-28 所示。

图 1-28　2011—2022 年浙江省中小学教育装备投资情况

　　对比浙江省 2011—2022 年全省中小学教育装备整体投资的数据可以看出,2015—2018 年期间,浙江省政府在中小学的基础设施建设方面,投入增幅较大,2019 年开始,增幅逐步下降,这是因为前期的投资为实现全省中小学教育装备的高质量和均衡化发展打下了坚实的基础。2021 年 2 月,浙江省就完成了对全省 89 个县(市、区)和嘉兴经济开发区、杭州钱塘新区两个功能区的全面评估,率先实现省级教育基本现代化县(市、区)全覆盖。尽管浙江省中小学教育装备建设整体取得了优异的成绩,但中小学教育装备的投入在不同领域有所差异。根据浙江省教育技术中心发布的数据可以看出,近年来信息化教育装备的投入占总投入的 50% 以上,实验室装备投入占总投入的 40% 左右,图书装备投入占总投入的 10% 左右。但随着浙江省全面实现教育现代化,中小学的教育信息化投入增幅逐步下降,由 2011 年的 70% 左右下降到 2022 年的 49% 左右,而实验室装备投入占比增幅逐年上升,由 2011 年的 19% 上升到 2022 年的 41%。进一步分析 2011—2022 年投入资金分布的详细数据可以看出,这一趋势愈加明显,如图 1-29 所示。

图 1-29　2011—2022 年浙江省教育装备投入资金分布情况

除了基础的网络环境,中小学校信息化教育装备的建设还体现在有效生机比、移动终端配备、交互式多媒体配备、创新实验室配备以及校园电视台配备等关键指标上。为此,笔者根据这些指标对浙江 11 个设区市的中小学校建设情况进行了详细对比,从而为相关管理部门以及生产企业进行规划设计和研发生产提供数据参考。

有效生机比。所谓有效生机比,是指学生数量与实际用于学生学习、实验的机器数量之比,即多少学生使用一台计算机,数据越大表示计算机配备数量越少,数据越小表明计算机配备数量越多,它能在一定程度上反映中小学校教育信息化的水平。通过分析数据可以看出,截至 2022 年底,浙江省各设区市的有效生机比舟山最低,绍兴市次之,温州市最高,各设区市的具体数据如图 1-30 所示。

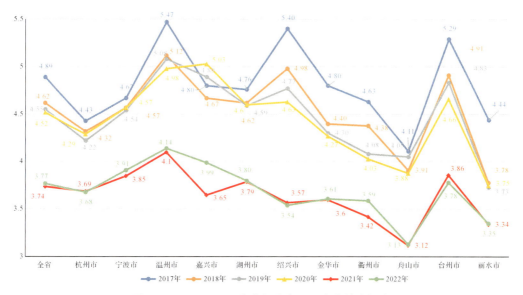

图 1-30　2017—2022 年浙江省各设区市有效生机比

移动终端配备。移动终端作为一种新型移动学习工具,具有非常灵活方便的特性,更能适应班级集体教学以及学生合作探究学习。除 2021 年由于统计口径的改变没有纳入统计范畴以外，其他年份各设区市的配备率都在提升。截至 2022 年底，舟山、衢州、绍兴均超过了 60%，仅温州市低于 50%，还有进一步提升的空间，具体情况如图 1-31 所示。

图 1-31   2017—2022 年浙江省各设区市移动终端配备的配备率

有效生机比以及移动终端配备的数据表明，浙江省各设区市的发展并不均衡。温州作为经济较发达的城市，其基础教育信息化投入力度还有进一步提升的空间；舟山作为新兴海岛城市，其基础教育信息化建设投入力度较大，发展较快。

交互式多媒体配备。交互式多媒体是利用文字、图像、音频、视频等多种媒介形态，实现互动交流或感知的媒介形式，在中小学校主要以交互一体机、互动式电子白板为主。近年来，浙江省中小学校交互式多媒体配备率有了明显提升，截至 2022 年底，全省交互式多媒体配备率达到了 68.98%，较 2017 年增加了 27.84%，进步明显。尤其是经济水平靠后的丽水市，交互式多媒体配备率达到了 84.93%，比杭州高出近 10 个百分点，极大提高了乡村小规模学校的教学效果，具体配备情况如图 1-32 所示。

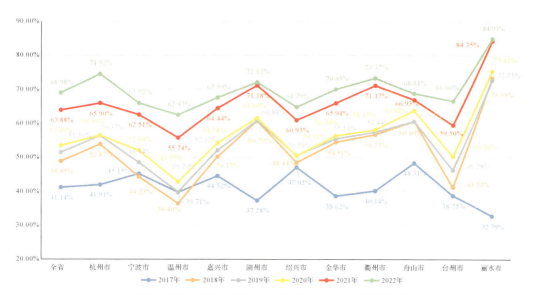

图 1-32　2017—2022 年浙江省各设区市交互式多媒体配备率

创新实验室配备。创新实验室是为了全面实施新课程标准而开发设计的,将实验室设备与新教材紧密结合,可进行探究型实验,是拓展性课程教学和学生自主探究实践的场所,是融合学习内容、学习方式和技术装备于一体的新型学习环境。创新实验室种类较多,既有机器人创新实验室、3D 打印以及物联网教室等以信息技术为主的探究实验室,也有剪纸创新实验室、创艺工坊以及 STEAM 创客教室等实验室。截至 2022 年,浙江省创新实验室配备率已经由 2017 年的 40.89％提升到了 79.04％,进步明显,尤其是嘉兴市以及宁波市的中小学创新实验室配备率较高,均超过了 90％,而经济较为发达的杭州市配备比仅为 75.83％,还有巨大的提升空间。具体情况如图 1-33 所示。

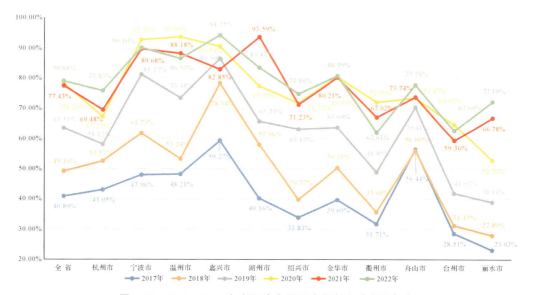

图 1-33　2017—2022 年浙江省各设区市创新实验室配备率

校园电视台配备。随着自媒体的快速发展，以抖音、快手等为代表的短视频平台得到了快速普及与应用，现已成为师生教学成果展示、宣传以及学习的重要手段。而校园电视台作为视频制作的主要平台，也已从传统的模拟视频拍摄与处理完全升级为数字化处理，相关拍摄设备以及视频编辑技术更加大众化，师生不需要过多的专业技能就可以快速入手进行视频作品的创作和设计。因此，校园电视台成了提升学生信息素养的重要场所，也是学生从事社团活动以及创新探究学习活动的重要记录形式。截至 2022年，浙江全省中小学校园电视台配备率达到 57.29％，其中嘉兴市的配备率最高，达84.03％，丽水市最低，仅为 32.12％，具体情况如图 1-34 所示。

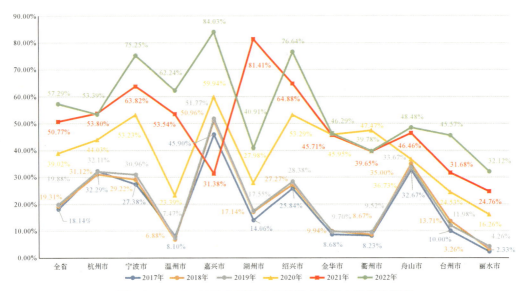

图 1-34 2017—2022 年浙江省各设区市校园电视台配备率

中小学校管理人员的教育技术是中小学校教育信息化建设及应用的重要依托，也是实现教育数字化和均衡化发展强有力的保证。截至 2022 年底，浙江全省 52.91％的普通中小学校设有教育技术专门机构，其中 35.84％的学校将教育技术专门机构设为中层机构，45.33％的学校设专人负责教育技术但未设专门机构，1.76％的学校未设专门机构且无专人负责教育技术。分析 2011—2022 年浙江省普通中小学校教育技术装备数据后发现，教育技术管理机构的增设比例在逐年增加，已经由 2011 年的 31.4％上升到 2022 年的 52.91％，各年度详情如图 1-35 所示。

图 1-35 2011—2022 年浙江省普通中小学教育技术装备管理情况

第三节 浙江省教育信息化装备发展现状

浙江省肩负高质量发展建设共同富裕示范区的光荣使命,其共同富裕不仅体现在经济上,也体现在教育上,即全面实现优质教育资源的均衡化发展。为此,笔者采用均衡化指数,对浙江省 11 个设区市在生均教育装备资产、生均投入经费、无线网络覆盖、创新实验室配备率、校园电视台配备率、录播教室配备率、交互式多媒体配备率、生均藏书以及生均更新图书等维度进行分析,为浙江省各设区市相关管理部门的规划提供依据,也为教育装备相关生产企业的产品规划提供参考。

1. 评价标准

为保证评价的客观性、科学性与合理性,笔者借鉴教育部发布的《县域义务教育优质均衡发展督导评估办法》(教督〔2017〕6 号)文件中的评估标准,采用差异系数法对设区市域以及县(市、区)域内的中小学校教育装备配备情况进行绩效评估,其计算公式如下:

$$cv = \frac{S}{\overline{X}} \tag{1}$$

式中 cv 为差异系数,$\overline{X}$ 为某地域内某项教育装备配备的平均值,S 为标准差。标准差的计算公式为:

$$S = \sqrt{\sum_{i}^{n} (P_i / P_N) \times (X_i - \overline{X})^2} \tag{2}$$

式中 X_i 表示区县均衡指标体系中第 i 个学校(小学、初中以及高中)某项教育装备的配备指标值,其计算公式为:

$$X_i = x_i/P_i \tag{3}$$

式中，x_i 为该指标第 i 个学校的原始值，P_i 为第 i 个学校（小学或初中）的在校生数〔P_N 为区县内所有基础教育学校（小学、初中以及高中）的在校生数〕。$\overline{X}$ 的具体计算方法为：

$$\overline{X} = \sum_{i=1}^{n} X_i/P_N, P_N = \sum_{i=1}^{n} P_i \tag{4}$$

采用差异系数对基础教育装备配备均衡化进行评估的优势在于：该方法既能体现出基础教育装备配备的均衡性，也能直接得出各级政府机构统计的关于中小学校教育装备的关键指标，如各地教育事业发展年度报告中的教育装备（实验仪器）、生均配备水平等指标。同时，该方法也解决了各个地区经济发展水平以及各学校基础条件差异较大的问题，仅通过教育装备配备的绝对数量不能体现教育装备配备均衡的困境。简单来说，各地区各学校之间的教育装备差异越小，各地区、各学校的基础教育装备配备绩效越高，反之亦然。但从实践操作层面上来说，当差异系数数值小于 0.55 时，就表示教育装备配备绩效较好，各地中小学校的教育装备配备较为均衡。

2. 均衡化水平

笔者以浙江省教育技术中心公布的《2022 年度浙江省普通中小学教育技术装备统计分析》（浙教技中心〔2023〕20 号）统计数据为蓝本，利用差异系数评估方法对省内各地基础教育装备统计的 10 个关键指标数据进行归一化处理。对浙江省 11 个设区市教育装备配备绩效评估结果进行分析后发现，浙江省 11 个设区市在生均教育装备资产、生机比、无线网络覆盖、创新实验室配备、录播室建设、交互式多媒体配置以及生均藏书 7 项指标上发展较为均衡，但在生均教育装备投入经费、移动学习终端配置、校园电视台建设、生均图书更新 4 项指标上明显不均衡，具体数据如表 1-4 所示。

表 1-4　2022 年度浙江省普通中小学教育装备差异系数

地区	生均教育装备资产/元	生均教育装备投入/元	生机比	无线网络覆盖率	创新实验室配备率	移动学习终端配备率	校园电视台配备率	录播教室配备率	交互式多媒体配备率	生均藏书	生均更新图书
浙江省	0.09	0.15	0.07	0.01	0.13	0.10	0.31	0.05	0.09	0.10	0.19
杭州市	0.18	0.36	0.17	0.06	0.25	0.27	0.53	0.13	0.17	0.13	0.61
宁波市	0.15	0.69	0.15	0.05	0.12	0.31	0.25	0.05	0.19	0.12	0.38
温州市	0.21	0.39	0.14	0.03	0.19	0.58	0.73	0.11	0.18	0.17	0.26
湖州市	0.20	0.25	0.19	0.00	0.17	0.31	0.71	0.04	0.12	0.07	0.52
嘉兴市	0.19	0.23	0.20	0.01	0.10	0.36	0.26	0.04	0.05	0.27	0.41

地区	生均教育装备资产/元	生均教育装备投入/元	生机比	无线网络覆盖率	创新实验室配备率	移动学习终端配备率	校园电视台配备率	录播教室配备率	交互式多媒体配备率	生均藏书	生均更新图书
绍兴市	0.06	0.22	0.10	0.00	0.12	0.33	0.18	0.01	0.09	0.18	0.12
金华市	0.20	0.46	0.15	0.00	0.13	0.30	0.54	0.06	0.10	0.18	0.41
衢州市	0.08	0.34	0.14	0.00	0.31	0.29	0.68	0.21	0.11	0.11	0.58
舟山市	0.22	0.31	0.35	0.02	0.24	0.24	0.71	0.04	0.30	0.15	0.49
台州市	0.07	0.23	0.17	0.02	0.26	0.30	0.48	0.16	0.19	0.07	0.37
丽水市	0.24	0.58	0.13	0.00	0.29	0.31	0.72	0.02	0.13	0.12	0.99

从表 1-4 的数据可以看出,在创新实验室配备的维度,全省各设区市学校的均衡化程度有了较大的提升,基本解决了 2021 年配备不均衡的困境;在校园电视台配备维度,杭州、温州、湖州、丽水、金华、台州、衢州、舟山等地的均衡化程度还有提升的空间;在移动终端配备维度,温州的均衡化程度存在显著差异;在生均更新图书数量上,丽水、衢州、湖州以及杭州也存在显著差异;在生均教育装备投入维度,宁波与丽水的均衡化程度还存在进一步提升的空间。

第二章　浙江省教育装备企业发展概况

第一节　企业规模与分布

教育装备企业作为生产和经营教育装备产品的主体，其发展规模以及经营情况很大程度上反映了教育装备产品的质量以及整个行业的发展态势。同时，教育装备企业也是直接影响中小学校教育装备利用效率和配置水平的关键因素。因此，要对其展开较为深入的调研与分析，从而为政府相关机构与生产企业提供参考。

1. 全国情况

（1）企业规模

目前，我国教育装备生产企业多以民营小微企业为主，规模以上的企业占比较少。通过天眼查平台进行数据分析与粗略统计发现，截至2023年9月，全国教育装备企业有97797家，教学仪器企业有87182家，其他的诸如体育用品以及网络相关产品的企业更是有数十万家之多。但在这些企业中，仅有3500余家企业加入了中国教育装备行业协会，并成了会员，这在一定程度上也影响了整个教育装备产业的发展。另外，根据调研在港交所、深交所以及纽约交易所等平台上市的教育企业数量，发现教育类上市企业规模都比较小。截至2023年6月，以教育为主营业务的相关企业中，在深交所上市企业127家，在美国上市企业26家（含2家退市企业），在港交所上市企业32家（含2家退市企业），具体分布如图2-1所示。

企业数量/家

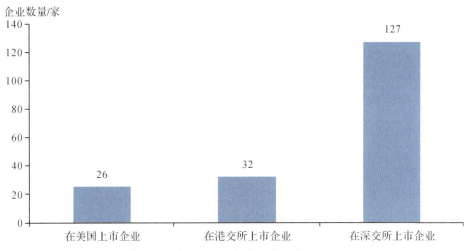

图 2-1　我国教育类上市企业的分布情况

　　在深交所上市的企业均在国内,而在美国上市以及在港交所上市的企业绝大部分注册地在开曼群岛,其中在国内注册的仅有 4 家。据华泰证券统计,2022 年 A 股主要教育信息化企业的教育业务营收合计约 200 亿元,市占率合计约 4%,其中绝大多数市场参与者规模较小,上市企业中有 10 家最新市值不足 70 亿元。另据搜狐证券统计,截至 2023 年 7 月 17 日,在深交所上市的教育类企业有 127 家(含 2 家退市企业),各企业的分布区域以及主营业务如图 2-2、图 2-3 所示。

企业数量/家

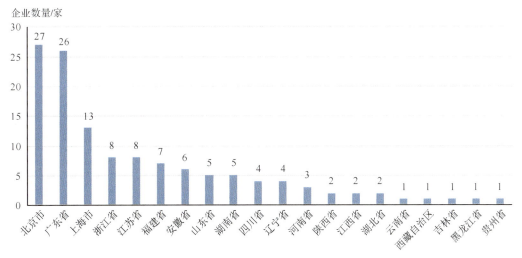

图 2-2　在深交所上市教育类企业分布

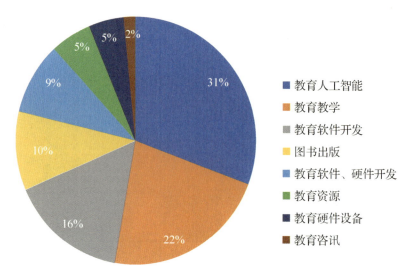

图 2-3   在深交所上市教育类企业经营性质分布

从上述数据可以看出，我国教育类上市企业大部分以教育培训、教育资源开发等为主，如新开普（300248）、竞业达（003005）、鸥玛软件（301185）、全通教育（300359）、华宇软件（300271）、国新文化（600636）、视源股份（002841）、佳发教育（300559）以及科大讯飞（002230）等，而科技硬件产品较少，仅有鸿合科技（002955）等少数几家企业。

（2）教玩具企业规模

教玩具是指配合教学使用的玩具，主要用在学前教育、家庭教育，以及幼儿园和中小学劳技课、实验课和课外体育活动上，其购买主体多为家长，销售渠道以网络销售为主。据不完全统计，截至 2023 年 4 月 29 日，内地 31 个省区市玩具企业共有 2574486 家（仅包括当前处于正常经营状态且经营范围包含"玩具"的企业），这些企业在各省区市的具体分布情况如图 2-4 所示。

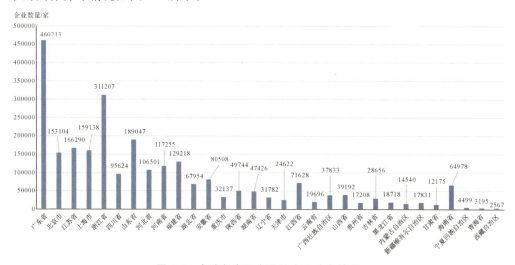

图 2-4   内地各省区市玩具企业分布情况

通过图 2-4 可以看出,广东省、浙江省以及山东省的玩具企业数量位列全国前三名,尤其是广东省的玩具企业数量遥遥领先。

(3)体育用品及文具企业规模

作为教育装备的一个大类,体育用品及文具的市场规模与产值不容小觑。中商情报网的相关数据显示,截至 2022 年 6 月,全国现存与文具相关的上下游企业超 711 万家,2022 年上半年,我国新增文具相关企业 139.97 万家,2016 年至 2022 年 6 月期间新增注册的文具相关企业数量如图 2-5 所示。

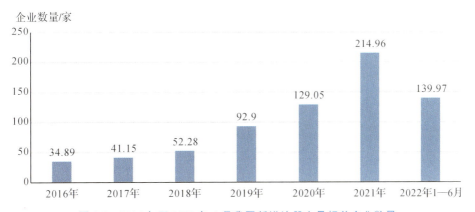

图 2-5　2016 年至 2022 年 6 月我国新增注册文具相关企业数量

全国有文具生产企业约 43000 多家,70％集中在广东、山东以及浙江等地,其中规模以上企业约占 10％。中国文具制造企业在区域分布上非常集中,但市场集中度很低,文具行业排名前十的企业年销售额之和还不到市场总量的 10％。目前我国仅有 4 家主营业务含学生文具、办公文具等的文具上市企业,分别为晨光股份、齐心集团、广博股份以及创源股份。文具相关企业数量排名前十的省份如图 2-6 所示。

图 2-6　我国文具相关企业数量排名前十的省份

中国体育用品制造厂家较多,体育用品相关企业注册数量呈逐年上升的趋势,由 2013 年的 1298 家上升到了 2021 年的 7071 家。从区域分布来看,中国体育用品生产企业比较集中,主要分布在浙江、广东以及江苏等东部沿海地区。广东省体育用品生产厂家最多,2022年广东省体育用品及相关产品制造总产出达2698亿元;浙江省体育用品关联注册企业最多,多达10878家。内地各省区市体育用品行业企业注册数量分布如图2-7所示。

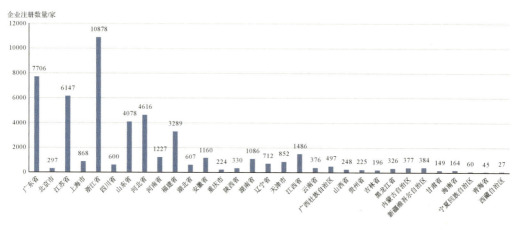

图2-7　内地各省区市体育用品行业相关企业注册数量(截至2022年7月底)

2. 浙江情况

浙江省教育装备企业起步于1952年,而后生产规模与发展情况一直走在全国前列,尤其是以温州一些教具、教学仪器厂为代表的企业生产能力以及产值都居全国前列。浙江省教育技术中心提供的相关数据显示,1987年浙江省教育装备产值为2300万元,占全国教育装备行业总产值的三至四成;1988年浙江省拥有73家教育装备生产企业,1992年发展成了87家,1997年缩减为79家,且当时的产值只有2.4亿元,出口产值也仅为400美元;截至2023年9月,通过天眼查平台对在浙江省注册的教育装备相关企业、机构以及组织进行粗略统计发现,浙江省的教育装备关联企业众多,具体数据如图2-8(单位:家)所示。

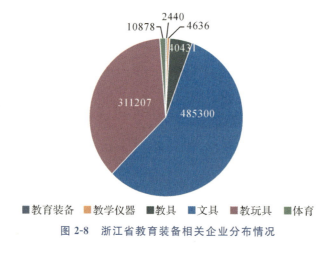

图2-8　浙江省教育装备相关企业分布情况

教育装备种类繁杂,涉及产品众多。为了更好地梳理,使得研究更具有针对性,笔者仅根据应用对象选择其中部分种类进行分析,即常规教育装备、学前教育装备以及体育与文具类教育装备。

(1)常规教育装备

以"教育装备""多媒体设备""教学仪器设备""实验设备"4 个关键词在天眼查平台进行检索(时间截至 2022 年 12 月底),分别统计了浙江省 11 个地级市的教育装备企业数量,将所有的教育装备企业分为以下 5 类:

①教育装备企业:专门生产和开发教育装备的企业。

②现代信息技术企业(硬件):生产计算机硬件、摄像机、打印机等现代化信息技术产品的企业。

③网络科技企业(软件):开发网络产品的企业。

④网络科技企业(教育类软件):开发教育类软件的企业。

⑤新型科技企业:开发人工智能、物联网、机器人等的新兴科技企业。

基于上述分类,笔者对浙江省的教育装备企业进行了梳理,具体数据如表 2-1 所示。

表 2-1 浙江省各地级市教育装备企业数量统计

单位:家

地级市	教育装备企业	现代信息技术企业(硬件)	网络科技企业(软件)	网络科技企业(教育类软件)	新型科技企业	总计
杭州市	771	706	264	188	513	2442
舟山市	34	18	3	3	6	64
温州市	1307	126	16	8	83	1540
台州市	84	36	12	9	42	183
绍兴市	99	90	70	11	61	331
衢州市	87	88	8	2	19	204
宁波市	358	246	170	64	189	1027
丽水市	140	70	44	3	18	275
金华市	303	84	85	14	83	569
嘉兴市	168	58	33	13	26	298
湖州市	96	59	19	2	60	236

从表 2-1 的数据中可以发现:杭州市、温州市、宁波市教育装备企业数量最多,金华市、绍兴市、嘉兴市教育装备企业发展较好,其余地区教育装备企业基础较为薄弱,尤其是舟山市需要进一步提升。上述统计仅包括传统的教育装备企业,并不包括校服生产、

体育用品、乐器、美术用品、文具以及相关的教学装备企业，如果把这些纳入，通过天眼查平台粗查，可以发现浙江省有数十万家教育装备企业，但大部分是民营中小企业，规模较小。截至 2021 年底，浙江省上市企业（运营主体与注册地不一致的，以企业注册地作为归属依据；海外注册的，以实际运营主体的企业注册地为准，如阿里巴巴注册地为开曼群岛，运营主体注册地为杭州市余杭区）有 734 家，具体分布如图 2-9 所示。

图 2-9　浙江省各地级市上市企业数量分布

在这些上市企业中，与教育有关的企业（包括一些主营产品并非教育，但涉及教育应用的企业）仅 57 家，具体分布情况如图 2-10 所示。

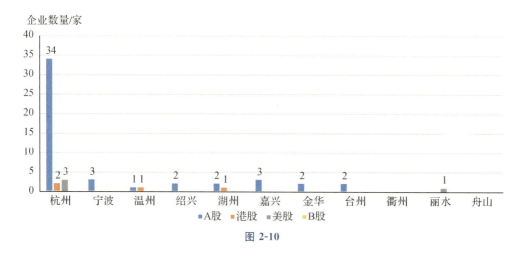

图 2-10

浙江省 11 个设区市中，杭州上市企业数量处于绝对领先地位，其次是宁波。温州作为传统教育装备生产的重要基地，绝大部分是规模以下的民营企业和小微企业，从图 2-11 至图 2-15 显示的教育装备企业分布数据就能明显地看出这一现象。

•教育装备企业。温州和杭州的相关企业分布较多，温州相关企业数量处于绝对领先地位，而舟山的装备企业数量偏少，相关企业的分布如图 2-11 所示。

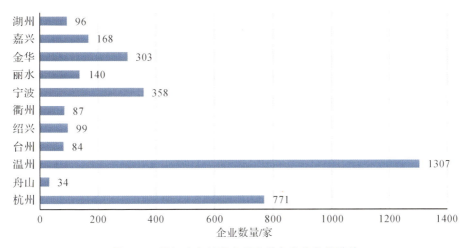

图 2-11　浙江省各地级市教育装备企业数量统计

·现代信息技术企业（硬件）。作为生产、销售网络硬件的现代信息技术企业（硬件）则主要布局在杭州和宁波，杭州处于领先地位，温州反而落后很多，这表明温州的教育装备产业在未来发展中要加速转型升级。各地详细数据如图 2-12 所示。

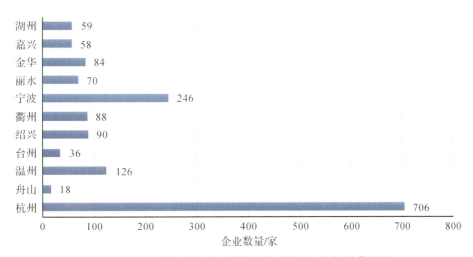

图 2-12　浙江省各地级市现代信息技术企业（硬件）数量统计

·网络科技企业（软件）。这类企业主要是生产、销售相关的应用系统、网络软件等，其主要布局在杭州和宁波，舟山市相对较少。具体数据如图 2-13 所示。

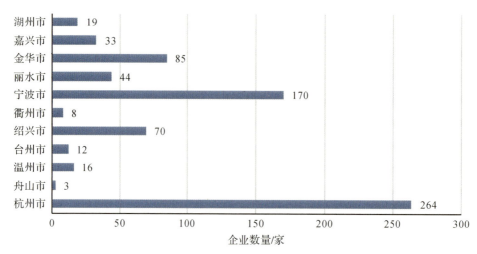

图 2-13　浙江省各地级市网络科技企业（软件）数量统计

• 网络科技企业（教育类软件）。从事网络教学资源开发、学习资源开发的网络科技企业（教育类软件）也主要布局在杭州和宁波，而湖州、衢州、舟山布局偏少。相关数据如图 2-14 所示。

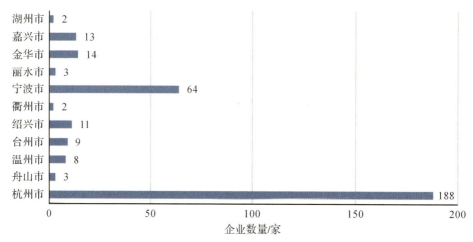

图 2-14　浙江省各地级市网络科技企业（教育类软件）数量统计

• 新型科技企业。以生产教育装备产品为未来发展趋势的新型科技企业，主要职责是集中研发人工智能、物联网、机器人等提升教育教学效果和辅助教育过程分析等的产品，这些企业主要布局在杭州和宁波，具体分布情况如图 2-15 所示。

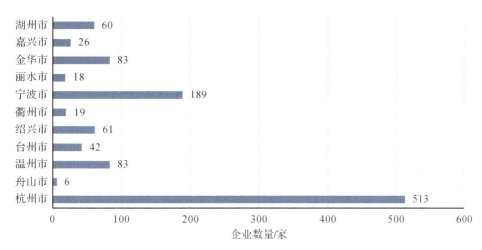

图 2-15　浙江省各地级市新型科技企业数量统计

浙江省作为教育装备产品生产大省,虽然整体实力排在全国前列,但省内各地级市除各自的规划发展重点不一样以外,资源分配也存在明显不均衡的现象。传统的教育装备生产企业绝大部分集中在温州,现代信息科技类等生产高端教育装备产品的企业则主要集中在杭州和宁波,相关管理职能部门应该通过出台相关政策加以引导,尽可能完善一些经济不发达地区的产业布局,更加高效地促进当地智能教育的发展,为推动教育均衡化发展,实现教育共富营造良好的氛围。

(2)学前教育装备

目前全国 60% 的教玩具都出自温州,而温州 95% 的教玩具企业集中在永嘉的桥下镇,该镇被誉为"中国教玩具之都"。中国十大游乐品牌中,桥下镇独占 3 席,镇内共有各类教玩具及配套生产企业 1300 余家,规模以上企业 37 家,产品覆盖室内外游乐设施、康体健身器材、桌面益智玩具、托育幼教用品、科教实验设备、文旅地产、幼儿园及主题公园个性化定制等 8 大类 3 万多个品种,远销 100 多个国家和地区,产品占全国无动力类游乐设施市场的 63%。据税务部门统计,2023 年 1—5 月,我国教玩具总销售额 24.3 亿元,同比增长 10.96%;外贸出口 3.5 亿元,同比增长 12.61%;内销 20.8 亿元,同比增长 10.69%,发展态势良好。

(3)体育教育装备

截至 2022 年 7 月,浙江省拥有体育用品相关注册企业 10878 家,位列全国第一。《浙江省体育产业发展指数报告》(浙体经〔2022〕280 号)以及《2021 年浙江省体育产业公报》公布的数据显示,浙江省体育产业保持高速增长态势,年总产出从 2014 年的 1209 亿元增长到 2021 年的 4272 亿元,增加值占 GDP 的比重为 1.85%。从各地级市的数据来看,截至 2020 年,杭州、宁波和温州的体育本体产业规模较大,发展水平较高,杭州、温州、嘉兴、湖州、衢州展现出较快的发展速度，金华和宁波较 2019 年有所下降，相关数据如下表 2-2 所示。

表 2-2　浙江省各地级市体育本体产业增加值和体育服务业增加值占比

地级市	体育本体产业增加值/亿元		同比增长/%	体育服务业增加值占比/%		同比增长/%
	2020 年	2019 年		2020 年	2019 年	
杭州市	135.9	124.53	9.13	77.1	75.52	1.58
宁波市	58.49	60.31	−3.02	39.35	41.83	−2.48
温州市	45.23	42.61	6.17	55.01	53.44	1.56
嘉兴市	19.46	18.68	4.18	43.4	43.1	0.3
湖州市	9.44	9.1	3.75	59.77	62.2	−2.43
绍兴市	26.67	26.3	1.38	67.27	67.2	0.07
舟山市	7.2	7.26	−0.83	92.17	92.19	−0.02
金华市	16.4	19.96	−17.81	51.11	56.85	−5.74
衢州市	7.67	7.18	6.82	69.04	65.16	3.88
台州市	23.81	23.78	0.13	59.82	61.77	−1.95
丽水市	11	10.95	0.48	72.97	77.48	−4.51

除了体育本体产业，浙江省体育行业相关产业规模也呈现出地域发展不均衡性，省内 11 个地级市体育产业规模相关数据如图 2-16 所示。

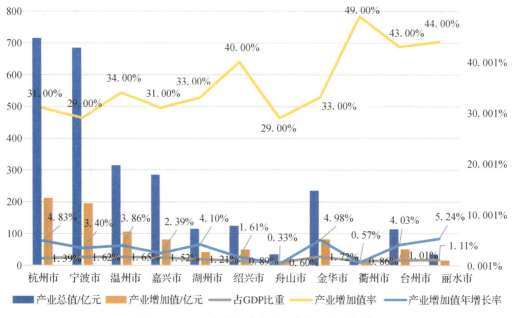

图 2-16　2022 年浙江省各地级市体育产业规模

虽然没有专门统计体育类教育装备,但浙江省体育产业整体产出情况,也在一定程度上体现了体育类教育装备企业的发展情况,相关数据如表 2-3 所示。

表 2-3　2021 年浙江体育产业总产出和增加值

体育产业类别名称	总量/亿元		结构/%	
	总产出	增加值	总产出	增加值
全省体育产业合计	4271.99	1362.04	100	100
体育管理活动	47.20	23.03	1.1	1.7
体育竞赛表演活动	5.94	2.97	0.1	0.2
体育健身休闲活动	117.45	80.71	2.7	5.9
体育场地和设施管理	29.45	14.30	0.7	1.1
体育经纪与代理、广告与会展、表演与设计服务	153.30	49.94	3.6	3.7
体育培训与教育	114.03	83.70	2.7	6.1
体育传媒与信息服务	178.67	77.99	4.2	5.7
其他体育服务	204.54	88.01	4.8	6.5
体育用品及相关产品制造	2806.33	678.03	65.7	49.8
体育用品及相关产品销售、出租与贸易代理	529.92	246.68	12.4	18.1
体育场地设施建设	85.16	16.67	2.0	1.2

(4)文具教育装备

浙江宁波具有"中国文具之都""文具新国货第一城"以及"中国笔都"等多个美誉,其文具产品涵盖 11 个大类,品种超万个。在全国仅有的 4 家上市文具企业中,宁波的广博股份以及创源股份 2 家产值约占全国的 1/5,年出口交货值约占全国的 1/4。除 2 家上市企业外,宁波还有得力集团、贝发集团、康大美术画材集团、三 A 集团等全国知名的龙头企业。宁波市拥有规模以上的文教办公用品企业 146 家,2022 年宁波的文具产业实现工业总产值 991.8 亿元。

第二节　市场规模与收益

随着经济的快速发展,各级政府都加大了基础教育设施和资源建设的投入力度,这使得教育装备产业的市场发展逐步走向一个新的阶段。

1. 国内市场

（1）基础传统教育装备

共研网咨询平台（https://www.gonyn.com/）发布的相关数据显示，国内教育装备的市场规模以及销售收入逐年增加，截至 2022 年底，我国教育装备的市场规模已达到 3852.6 亿元，销售收入达到 3965.2 亿元，具体数据如图 2-17 所示。

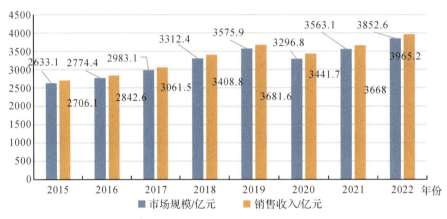

图 2-17   全国教育装备市场规模及营收情况

（2）教玩具市场

相对于传统的教育教学装备市场来说，教玩具市场规模也不容忽视，尤其是随着高等教育的普及以及经济、科技的快速发展，以学龄前儿童为主的教玩具市场发展呈现出快速发展的趋势，截至 2022 年底，中国教玩具市场零售总额已经达到了 883.1 亿元，相关数据如图 2-18 所示。

图 2-18   2016—2022 中国教玩具市场零售总额及增长率

目前国内教玩具的市场零售途径主要集中在淘宝、天猫以及京东等网络平台，相关产品主要是拼插积木、毛绒布艺、盲盒、过家家玩具、游戏围栏、拼图、娃娃、手办、粘土以及车模。根据中国玩具协会发布的天猫平台统计数据显示,相对于 2021 年来说,仅毛绒布艺、过家家以及娃娃三类产品销售额是正增长,其他各类产品均呈现负增长趋势,具体数据如图 2-19 所示。

图 2-19　2021 年天猫平台教玩具主要品类销售额增速情况

(3)文具行业

中国文具(书写工具、学生文具、办公文具、其他文教用品,不包括办公设备和家具)市场规模约 1500 亿元,约合 215 亿美元,全球文具市场规模约为 2500 亿美元,中国文具市场占全球文具市场的 8.6%。在中国文具市场中,办公耗材占 41%,约 615 亿元,文件处理用品占 13%,约 195 亿元,书写工具占 10%,约 150 亿元,小册子和桌面用品各占 7%,均为 105 亿元左右,教学和学生用品占 9%,约 135 亿元。

2019 年 7 月 8 日,新中国成立以来中共中央、国务院第一个关于全面提高义务教育质量的重要文件——《关于深化教育教学改革全面提高义务教育质量的意见》发布,提出全面重视和强化音乐、体育、美术等课程的学校教育,这使得体育用品以及文具用品的生产企业迎来了新的发展机遇,图 2-20 显示了目前我国体育用品相关企业的注册量,大部分企业是注册资金在 100 万元以内的民营小微企业。

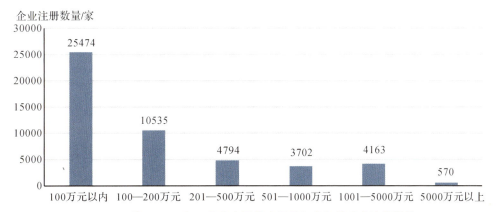

图 2-20　截至 2022 年 7 月底中国体育用品行业相关企业注册数量

(4)体育用品

据联合国统计,2021年末我国42家体育产业上市企业总市值首次突破万亿大关,中国体育用品及相关产品制造业实现增加值3433亿元,同比增长9.2%,较2019年增长0.9%。中国是世界最大的体育用品生产和出口国之一。根据海关总署的数据,2020年中国体育用品出口额为281.6亿美元,同比增长9.5%;进口额为11.7亿美元,同比下降14.2%。根据《体育强国建设纲要》发展规划,到2035年,中国居民经常参加体育锻炼人数比例将达45%以上,人均体育场面积将达2.5平方米,体育产业将成为国民经济支柱产业。2018—2022年中国体育用品制造行业营业收入情况如图2-21所示。

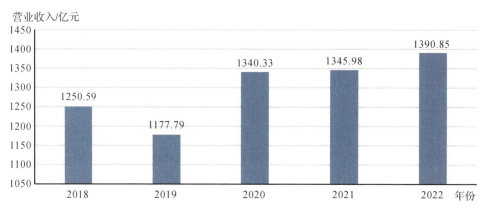

图2-21 2018—2022年中国体育用品制造行业营业收入情况

2. 出口金额

我国教育装备产品的出口主要集中在教玩具以及一些体育用品领域。笔者根据海关总署公开的数据,对2017—2023年全国玩具、游戏品、运动用品及其零件、附件的出口数据进行了分析。可以发现,此类教育装备产品的出口旺季都集中在每年的6—8月。由于疫情的影响,2022年9月以后的出口数据呈现明显下滑趋势,相关数据如图2-22所示。

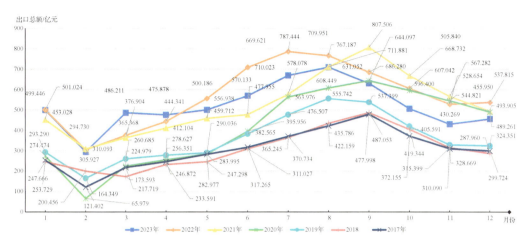

图 2-22　2017—2023 年全国各月玩具、游戏品、运动用品及其零件、附件出口总额

　　根据海关总署的商品统计分类指标标准，教玩具的大类编码为 95——玩具、游戏品、运动用品及其零件、附件，传统教育装备主要编码为 90230090——其他专供示范（如教学或展览）而无其他用途的仪器、装置及模型。通过对比两类产品出口额，可以明显看出，基础教育产品的出口额非常小，以 2023 年的统计数据为例，各月出口额如图 2-23 所示。

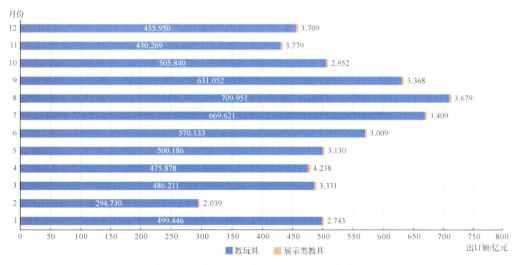

图 2-23　教玩具与展示类教具出口额对比

　　为了更加全面地掌握教玩具的国际市场规模，笔者对 2017—2023 年的教玩具出口额进行了汇总，可以看出，尽管教玩具的出口额受疫情影响较大，但整体增幅较大，2022年的出口总额达到 483.6 亿元。具体数据如图 2-24 所示。

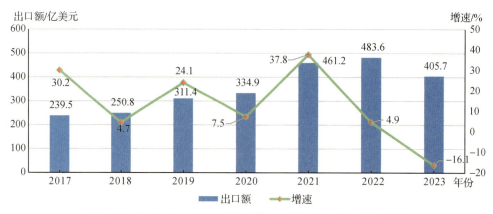

图 2-24　2017—2023 年中国教玩具(不含游戏品)出口额及增速

　　根据相关标准,目前我国教玩具出口的品类主要是三轮车、踏板车等带轮玩具,动物玩具,智力玩具以及玩偶四类。通过对比数据,动物类玩具出口数量占比较大,而智力玩具无论是出口数量还是出口额,都呈现快速增长趋势,相关数据如图 2-25 所示。

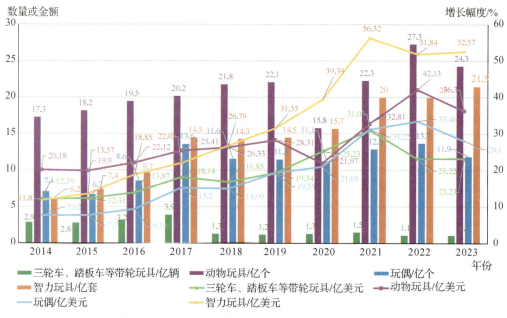

图 2-25　2014—2023 年中国教玩具细分产品出口情况

　　根据中国海关总署公布的数据,将全国 2017—2023 年玩具、游戏品、运动用品及其零件、附件年度出口总额与浙江省的出口总额进行对比,发现浙江的出口总额约占全国出口总额的 1/7,相关数据如图 2-26 所示。中国玩具和婴童用品协会发布的《2022 中国玩具和婴童用品行业发展白皮书》显示,广东省在动物玩具、玩偶以及智力玩具等四类产品上的出口总额都处于绝对领先地位,浙江省在三轮车类玩具上处于领先地位。从出口额来看,广东、浙江、江苏、山东、上海和福建是我国玩具出口的主要省市,其出口额占玩具出口总额的比重分别为 39.70％、19.75％、10.70％、10.00％、5.94％、3.34％。
其中,广东省是中国最大的玩具生产和出口地区,具体数据图 2-27 所示。

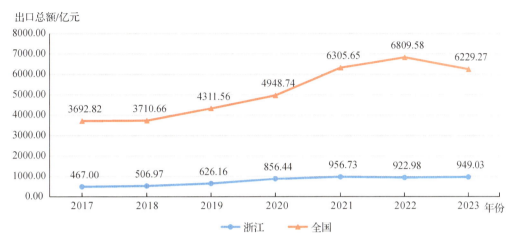

图 2-26　2017—2023 年玩具、游戏品、运动用品及其零件、附件年度出口总额

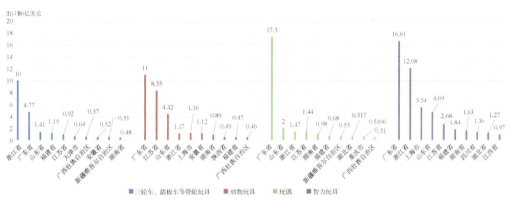

图 2-27　2023 年中国玩具细分产品出口额排前十位的省区市

第三节　创新应用

　　教育装备企业的发展与壮大离不开产品的持续创新,而专利以及应用商标是体现
企业创新的两个主要维度。笔者根据《中国教育装备行业蓝皮书(2019 版)》提供的数
据,对全国 3603 家企业(中国教育装备行业协会会员)的商标与专利进行归纳和分析,
以供相关企业和机构参考。

1. 注册商标

　　商标是用以识别和区分商品或者服务来源的标志，是一个企业扩大影响力的基本要素，也是衡量一个企业创新能力的重要指标。按行政区域来统计教育装备企业注册商标总数，北京（10902个）、广东（10838个）、浙江（3628个）、江苏（3146个）、福建（2889个）位列全国前五，其他各省区市的商标数量如图2-28所示。

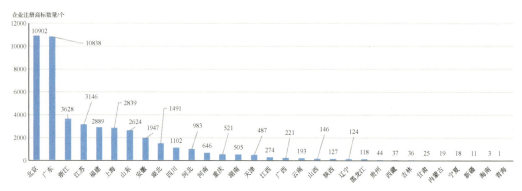

图 2-28　各省区市教育装备企业注册商标数量

　　从单个企业持有注册商标中位数看，等于或高于全国中位数（2个）的地区依次为福建（5个）、广东（4个）、上海（3个）、四川（2个）、浙江（2个），各省区市的分布情况如图2-29所示。

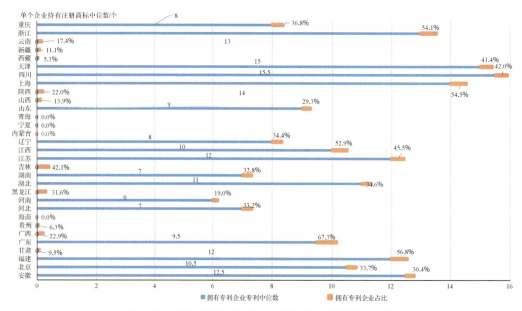

图 2-29　内地各省区市单个企业持有注册商标中位数

2.发明专利

专利权是衡量教育装备企业创新能力的核心指标,它既能有效地保护发明创造,也能鼓励教育装备企业积极进行发明创造,从而促进教育装备行业的健康发展。根据统计样本的数据分析,广东省以及北京市的教育装备企业拥有的专利数量遥遥领先,浙江省位列第四,其他各省区市的教育装备企业拥有专利的数量如图 2-30 所示。

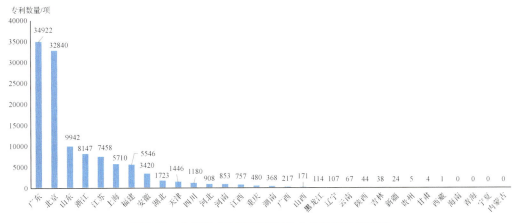

图 2-30　内地各省区市教育装备企业拥有专利数量

为了进一步了解教育装备企业的创新能力和发展潜力,笔者以专利的数量对统计的教育装备企业进行分类,发现大绝大部分企业的专利数量都在 20 项以下,专利数量偏少,具体数据如图 2-31 所示。

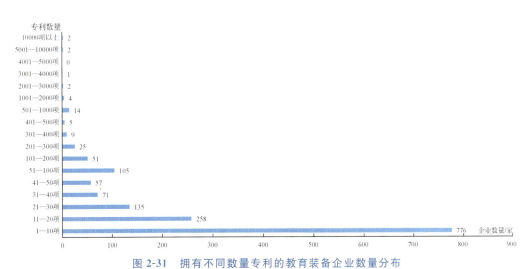

图 2-31　拥有不同数量专利的教育装备企业数量分布

第三章　浙江省教育装备行业发展动态及趋势

第一节　智慧教育装备

1. 定义及内涵

（1）智慧教育

智慧教育（Smart Education）专指信息技术支持下的发展学生智慧能力的教育，它可理解为一种智慧教育系统，是一种由学校、区域或国家提供的具有高内容适配性和高教学效率的教育行为（系统）。智慧教育利用现代科学技术为学生、教师和家长等提供一系列差异化的支持和按需服务，能全面采集并利用参与者群体的状态数据和教育教学过程数据来促进公平、持续提升绩效并孕育教育的卓越。具体来说，智慧教育是依托物联网、云计算、无线通信等新一代信息技术所打造的物联化、智能化、感知化、泛在化的教育信息生态系统，是数字教育的高级发展阶段，旨在提升现有数字教育系统的智慧化水平，实现信息技术与教育主流业务的深度融合（智慧教学、智慧管理、智慧评价、智慧科研和智慧服务），促进教育利益相关者（学生、教师、家长、管理者、社会公众等）的智慧养成与可持续发展。在分析相关学者给出的上述定义基础上，结合时代的发展特性，笔者认为在教育产业市场中，智慧教育是教育信息化发展的高级阶段，是在教育教学中应用人工智能技术来辅助教学实践以及解决教学问题的一种应用教育场景，其核心是利用人工智能的相关技术（含软件与硬件）对教育教学过程中的师生行为进行数字化感知、识别、采集、存储、处理、分析以及数据挖掘，以解决教育教学问题，提升教育教学效率和效果。

（2）智慧教育装备

智慧教育装备作为一个新词，是随着智慧教育、智慧校园等词的火热而逐步衍生出来的。目前对于智慧教育装备还没有一个学界较为认可的定义。有学者认为，智慧教育装备是指赋予了教学功能的智能终端,是数字化教育装备发展的新形式。但这种界定过于狭隘,即认为智慧教育装备仅限于终端产品,并不能有效而全面地概括智慧教育装备的范畴。其实智慧教育装备从表面字义上理解,就是指具有智能化功能的教育装备,这里的智能化是指能够进行数据的采集、存储、处理、分析以及根据数据分析的结果进行一定的决策操作。从这个角度来说,智慧教育装备应该是一个复杂的系统,而不是某个具体的终端。另外,所谓的数字化教育装备也只是智慧教育装备发展的初级阶段和必经过程,其最终目标也是要实现教育装备的智能化,即辅助教与学,成为教学决策和学习认知的工具和手段。从目前来看,数字化教育装备→智能教育装备→智慧教育装备是教育装备发展的基本趋势。

2. 相关政策

浙江省作为民营经济活跃的省份之一,省政府一直以来都非常重视人工智能相关企业,为了促进人工智能相关产业的发展,出台了大量的激励政策。笔者通过梳理现有文献,并参考《2022 年浙江省人工智能产业发展报告》等文件,对浙江省 2015 年至 2023 年 2 月出台的人工智能产业相关政策进行了整合,具体数据如图 3-1 所示。

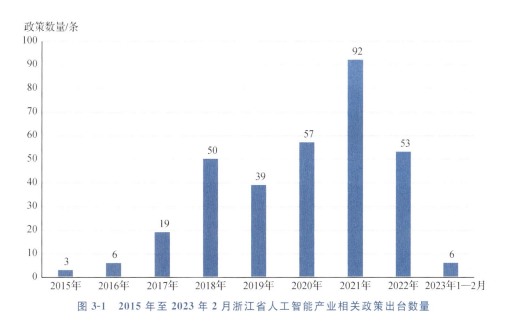

图 3-1　2015 年至 2023 年 2 月浙江省人工智能产业相关政策出台数量

虽然浙江省省级层面出台了许多促进人工智能发展的政策,但省内各地级市发展不均衡现象较为严重,通过梳理 2015 年至 2023 年 2 月 11 个地级市出台的人工智能产业相关政策,可以很明显地看出这一现象。浙江省各地级市出台的相关政策情况如图 3-2 所示。

图 3-2　2015—2023 年浙江省各地级市人工智能相关政策出台数量

注：①上述政策数量统计时间范围为 2015 年至 2023 年 2 月 20 日；②各城市出台政策数量为统计时间范围内该城市人工智能产业相关政策总数。

3. 人工智能企业规模

目前,我国中小学校基础建设正处于快速发展阶段,教育信息化建设正从量变迈向质变,创新引领与生态变革成为行业向纵深发展的主旋律,智能时代教育特征初露端倪。截至 2022 年 12 月 31 日,全国人工智能企业共有 13534 家。其中,上市企业 514 家,占全国人工智能企业数量的 3.80%;高成长企业 3410 家,占全国人工智能企业数量的 25.20%;高技术企业 6801 家,占全国人工智能企业数量的 50.25%。具体情况如图 3-3 所示。

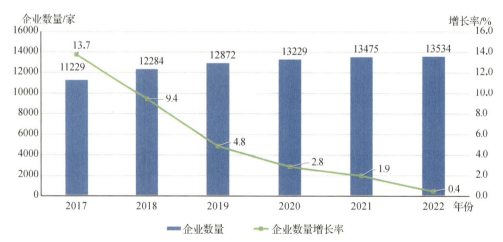

图 3-3　2017—2022 年全国人工智能企业数量变化

全国人工智能企业数量的增加幅度逐渐降低,发展趋势逐渐趋于平稳,但上市企业数量仍在增加,如图 3-4 所示。

图 3-4 2017—2022 年全国人工智能上市企业数量变化

我国人工智能上市企业主要集中在主板和创业板,科创板和北交所上市企业不多,具体如图 3-5 所示。

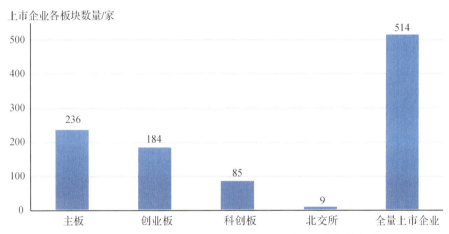

图 3-5 截至 2022 年 12 月我国人工智能上市企业各板块数量

我国人工智能企业分布不均衡,主要集中在北京、上海、广东、江苏、浙江等经济发达地区,在山西、河北以及青海、内蒙古、西藏等中西部地区分布较少,均衡化程度有待提升。我国内地各省区市人工智能企业相关数据如图 3-6 所示。

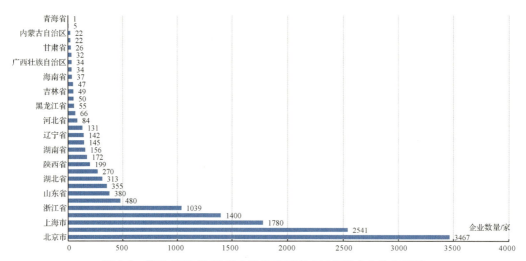

图 3-6　截至 2022 年 12 月内地各省区市人工智能企业分布情况

注册资金是反映企业实力的重要指标，通过各企业注册资金情况可以看出，绝大部分人工智能企业基础扎实，资金雄厚，发展态势良好，注册资金在 1000 万—4999 万元的企业占大部分。我国人工智能企业注册资金情况如图 3-7 所示。

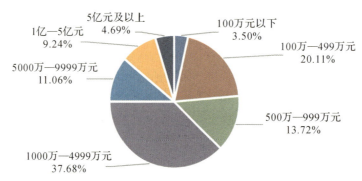

图 3-7　截至 2022 年 12 月我国人工智能企业注册资金情况

人工智能企业作为新型科创企业，其创新能力离不开科研机构的支撑。我国人工智能企业与国家级人工智能研究机构的分布情况，明显地展现了这一态势。内地各省区市国家级人工智能研究机构分布情况如图 3-8 所示。

研究机构数量/家

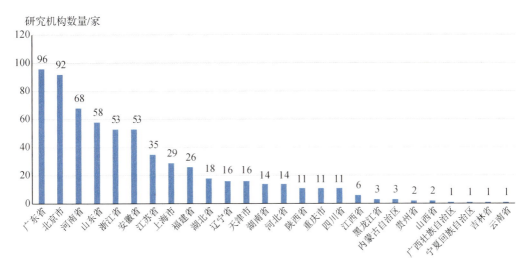

图 3-8　内地各省区市国家级人工智能研究机构分布情况

人工智能企业对社会经济的发展起到了巨大的推动作用,其数量在一定程度上对人工智能教育装备产品以及相关产品的应用普及具有很大推动作用。就目前来说,虽然人工智能企业中高技术企业的比重较大,但上市企业仅占 3.80%,仍有很大的发展空间。具体情况如图 3-9 所示。

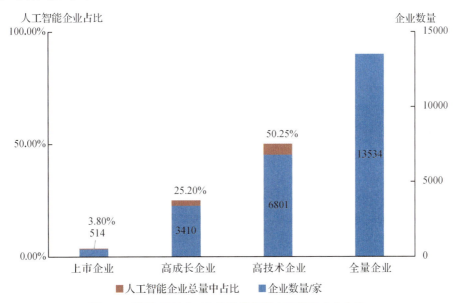

图 3-9　截至 2022 年 12 月我国各类人工智能企业占比

4. 发展趋势

随着人工智能企业的逐步发展,消费级智能产品成为发展的新趋势。中国互联网协会发布的相关数据显示,2022 年,中国国内智能学习硬件的市场规模达到了 498 亿元,预计 2026 年达到 668 亿元。具体数据如图 3-10 所示。

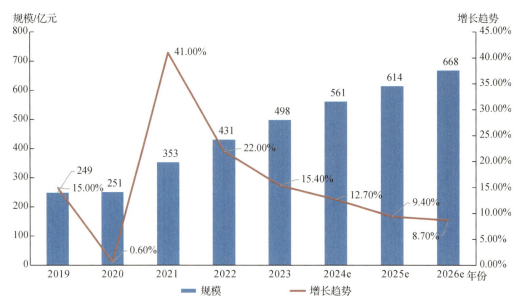

图 3-10　2019—2026 年中国消费级教育智能硬件市场规模

智能硬件学习产品又分为综合性产品和单功能产品。相对来说，单功能产品的市场规模占比较多，具体发展趋势如图 3-11 所示。

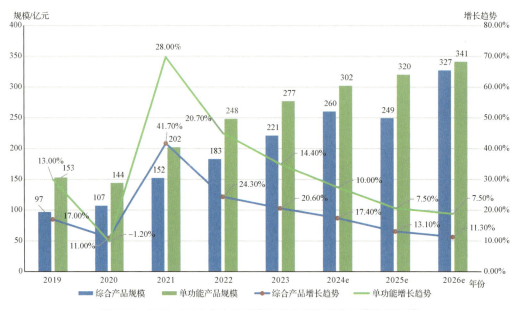

图 3-11　2019—2026 年中国消费级教育智能硬件细节市场规模

人工智能的应用体现在多个层面，其中语音识别与分析是近年来发展较快的领域，也取得了重大的进展。全球智能语音市场规模由 2017 年的 110.3 亿美元增长至 2022 年的 351.2 亿美元，增长幅度为 218.4％。从全球智能语音市场竞争格局来看，Nuance、谷歌、苹果市场份额占比较高,分别为 31.6%、28.4%、15.4%,微软、科大讯飞市场份额占比较低,分别为 8.1%、4.5%。2022 年我国智能语音市场规模达 341 亿元,同比增长 13.4%。2017—2022 年增长幅度为 221.7%,复合增长率为 26.33%,预计 2023 年将达 382 亿元。从市场规模来看,科大讯飞与百度占据较高市场份额,分别为 44.2%、27.8%。艾瑞咨询集团调研的数据显示,2026 年中国智能语音垂直行业应用的软件产值将达到 143 亿元,服务产值将达 53 亿元,硬件产值将超 10 亿元,相关调研数据如图 3-12 所示。

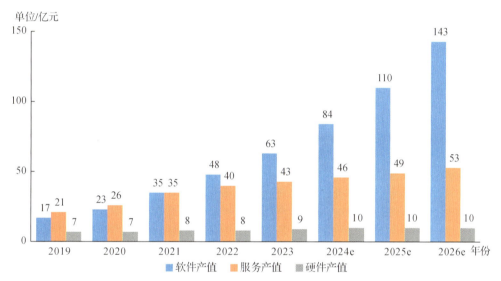

图 3-12　2019—2026 年中国智能语音垂直行业应用各业务模式市场规模

为了更加详细地了解智能语音在各行业应用发展情况,艾瑞咨询集团分别对互联网、健康医疗、司法、教育、工业以及其他行业进行统计,统计结果如图 3-13 所示。

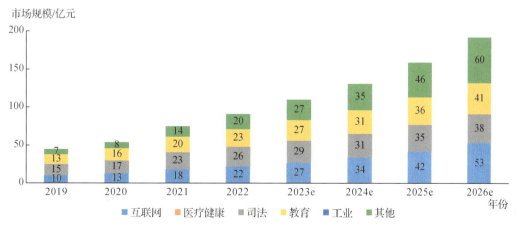

图 3-13　2019—2026 年中国智能语音垂直行业应用各领域市场规模

　　科大讯飞发布的《2022年人工智能教育蓝皮书》显示，教育人工智能应用主要集中在平台、解决方案、软件、硬件以及教学内容等几个领域，各部分的占比如图3-14所示，具体产品的分布如图3-15所示。

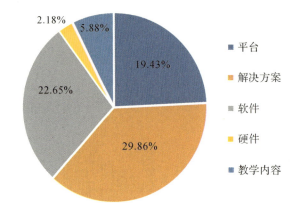

图 3-14　教育人工智能应用产品占比

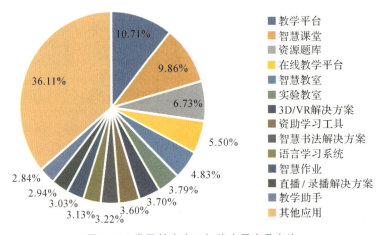

图 3-15　常见教育人工智能应用产品占比

　　人工智能产业的核心竞争力在于相关企业拥有专利的数量，专利的数量与分布直接决定了企业的发展和未来。梳理2017—2022年全国人工智能授权专利的数量可以看出，发明专利占比最大，其发展趋势良好，但外观专利数量较少，具体数据如图3-16所示。

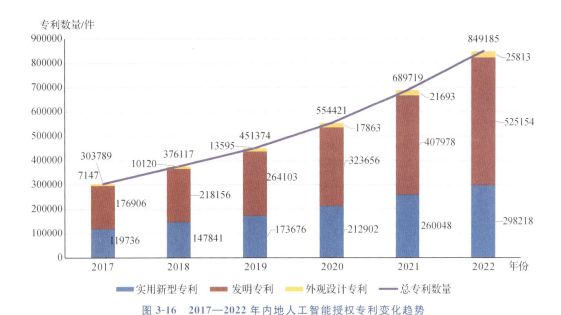

图 3-16　2017—2022 年内地人工智能授权专利变化趋势

虽然中国内地人工智能企业授权发明专利的数量以及发展趋势呈现积极态势，但各省区市的分布严重不均衡，北京、广东、江苏以及浙江位居全国前四。但浙江与北京和广东相比，还存在很大的差异，进步提升的空间很大。各省区市的专利数量分布如图 3-17 所示。

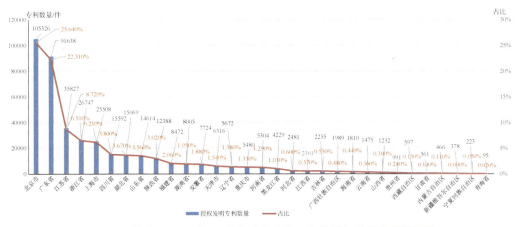

图 3-17　截止至 2022 年 12 月各省区市人工智能授权发明专利数量图

如果将授权专利作为衡量企业现有创新能力的表现，申请专利则表示企业未来的发展潜力。通过梳理专利的申请数量可以明显看出，人工智能企业的实用新型专利申请数量有所减少，外观设计专利申请数量有所增加，发明专利申请数量有所增加，具体数据如图 3-18 所示。

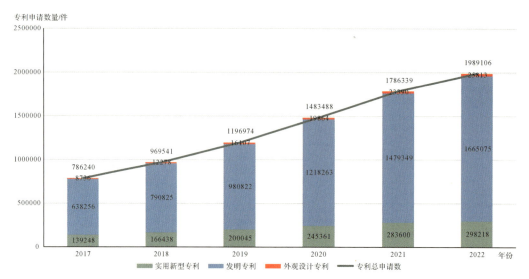

图 3-18　2017.01—2022.12 全国人工智能申请专利变化趋势

《2022 年浙江省人工智能产业发展报告》显示:2019 年浙江省人工智能产业共有企业 482 家;2020 年有 721 家;2021 年有 1156 家,同比增长 60.33%。2021 年,浙江省人工智能企业实现总营业收入 3887.42 亿元,同比增长 30.96%,实现利润总额 446.32 亿元。通过天眼查平台搜索发现,2021 年浙江省全年新增人工智能相关产业注册企业 25839 家;2022 年新增人工智能相关产业注册企业数量再创新高,达到 26678 家。具体数据如图 3-19 所示。

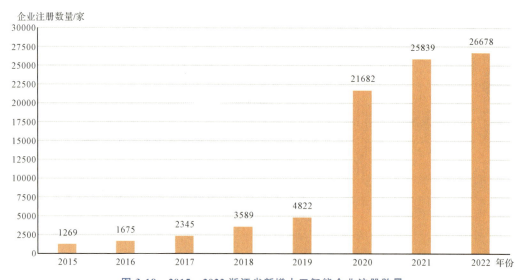

图 3-19　2015—2022 浙江省新增人工智能企业注册数量

第二节 课后服务

课后服务不是单独的教育问题，而是教育和社会问题耦合的产物。在国际和国内视角下，课后服务的内涵总体一致，但具体服务对象、服务提供者、服务内容等方面存在差距。本书的研究范围为以国内部分中小学校为主导、以义务教育阶段学生为主要对象开展的课后服务活动。

1. 定义

欧盟认为课后服务是指在基础教育时间以外针对中小学生提供的正规的项目或活动；而国内的课后服务大多是指中小学课业辅导、学习成绩提升、各种竞赛培训以及相关兴趣爱好培训等教育活动。随着"双减"政策的出台，课后服务的本质与内涵也发生了改变。课后服务是促进学生健康成长、帮助家长解决按时接送学生困难的重要举措，应充分发挥中小学校的主渠道作用，其服务内容主要是安排学生做作业、自主阅读，以及体育活动、娱乐游戏、拓展训练等。同时课后服务对校外培训活动也提出了明确要求：校外培训机构开展语文、数学、英语及物理、化学、生物等学科知识培训的内容、班次、招生对象、进度、上课时间等要向所在地县级教育部门备案并向社会公布；培训内容不得超出相应的国家课程标准，培训班次必须与招生对象所处年级相匹配，培训进度不得超过所在县（区）中小学同期进度；校外培训机构培训时间不得和当地中小学校教学时间相冲突，培训结束时间不得晚于 20:30，不得留作业；严禁组织举办中小学生学科类等级考试、竞赛及进行排名。

2. 相关政策

我国的校外培训机构以及组织，作为学校教育的必要补充，相对于西方发达国家来说，起步较晚，经历了民间自由组织、政府介入、法律保障以及标准建设四个阶段。1989年，中国人民大学附属中学副校长刘彭芝创办了人大附中的下属机构"华罗庚数学学校"进行中小学生的奥数竞赛等培训，后更名为"仁华学校"。自此北京各区开始组织创办类似的培训机构和组织，校外培训机构逐步发展起来。2009年，教育部颁布《关于加强中小学管理规范办学行为的指导意见》，减负环节中的重要环节"在校时间不得超过6小时"逐步落实，"3点半难题"迅速出现，校外培训机构得以快速发展。2010年，学而思在美国纽交所挂牌上市，成为国内首家在美国上市的中小学教育机构。自此，国内的校外培训机构开始了资本的野蛮成长期。2017 年在线教育的兴起，进一步加快了校外培训机构的发展，随之而来的社会问题也逐步凸显。为此，国家先后出台相关政策，对其进行规范与引导。

2017 年 3 月 2 日，教育部印发《关于做好中小学生课后服务工作的指导意见》（教基一厅〔2017〕2 号），通过学校提供课后服务解决学校 3 点半以后的接送难问题；2018 年 7 月 6 日，国务院办公厅发布《关于规范校外培训机构发展的意见》（国办发〔2018〕80 号），对校外培训机构的快速扩张进行引导；2021 年 7 月 23 日，教育部发布《推行课后服务"5＋2"模式》，为中小学课后服务方式和实施形式提供了规范；2021 年 7 月 24 日，中共中央办公厅、国务院办公厅印发《关于进一步减轻义务教育阶段学生作业负担和校外培训负担的意见》；2023 年 7 月 24 日，全国校外教育培训监管与服务综合平台正式上线；2023 年 8 月 23 日，《校外培训行政处罚暂行办法》（教育部令第 53 号）正式实施，标志着我国课后服务机构管理办学的规范化与法治化。

3. 相关企业规模

从国际视野来看，欧美等经济发达国家的课后服务体系以及相关的管理制度较为成熟，中国课后服务行业的政策驱动特征明显，目前主要面临规模化与高质量的双重矛盾，存在资金不足、师资缺乏、课程单一、标准滞后、商业化严重五大痛点。从发展现状来看，各国的服务对象、参与率差异较大，以日、韩以及中国为首的东亚国家的参与率较高，而欧美等国家的参与率千差万别，如美国课后服务的参与率就明显低于中国，相关数据如图 3-20 所示。

图 3-20　美国课后服务参与情况

《中国教育新业态发展报告(2017)——基础教育》显示,2016 年全国小学阶段学生的校外培训总体参与率为 48.3%(参加学科补习或兴趣扩展类培训),东北部地区学生的校外培训参与率最高(60.8%),东部地区(38.1%)和中部地区(38.0%)次之,西部地区(30.5%)最低。截至 2020 年底,我国校外培训机构达到了 40 万家。艾瑞咨询研究院的调研数据显示,2022 年全国学生校外培训参与率达 92.2%,2023 年中国课后服务市场规模预计达 1176 亿元,各地区的市场规模发展情况如图 3-21 所示。

从规模结构来看,中国课后服务的市场规模分为政府和家长出资两部分,在公益普惠的原则下,采取财政基本保障、家庭适当分担的资金结构。具体来看,政府方面包含各地的专项财政补贴,以及部分生均公用经费,家长方面包含服务性收费和代收费。从地区分布来看,华东和华南地区由于财政扶持力度较大,家长付费意愿和能力更强,课后服务参与率占据全国前两位。

自全国校外教育培训监管与服务综合平台(https://xwpx.eduyun.cn/bmp-web/tolSpInfo/index)上线以来,全国已有十余万家校外培训机构进行了备案,形成了校外培训白名单,各省区市的具体情况如图 3-22 所示。

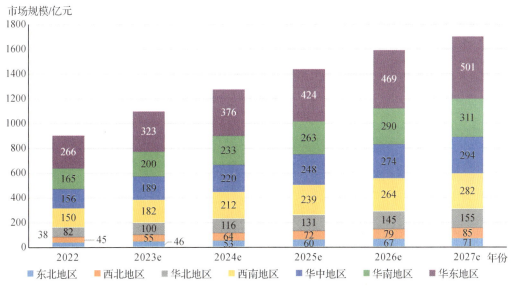

图 3-21 2022—2027 年中国课后服务市场规模预测

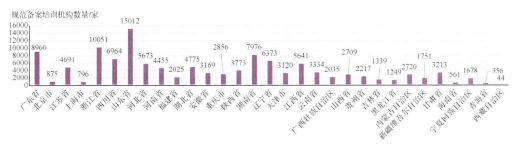

图 3-22 内地各省区市规范备案校外培训机构数量(截至 2024 年 6 月 27 日)

通过分析内地各省区市的校外培训机构可以看出，山东省、浙江省、广东省、湖南省、辽宁省以及四川省的规范备案校外培训机构较多，而河南、青海、西藏等地的规范备案校外培训机构较少。

虽然浙江省规范备案的校外培训机构较多，但省内各地区分布存在着明显不均衡的现象，宁波、金华以及杭州等地规范备案的校外培训机构较多，而湖州、嘉兴、衢州等地规范备案的校外培训机构较少，各设区市的具体情况如图 3-23 所示。

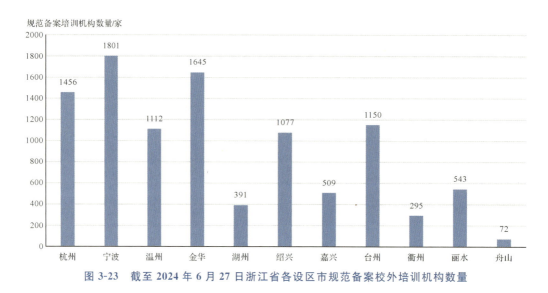

图 3-23　截至 2024 年 6 月 27 日浙江省各设区市规范备案校外培训机构数量

为了有效地引导校外培训机构的健康发展，政府部门应该在《校外培训行政处罚暂行办法》（教育部令第 53 号）的基础上出台相关的激励措施，使得企业改变以知识讲授和课业辅导为主的模式，进而转向 STEAM 课程、生活技能培养、艺术类活动、户外活动等，致力于帮助学生全方位提高个人素质。

4. 发展趋势

2017 年课后服务正式列为国家政策，在"全覆盖、广参与"的指导原则下，课后服务以校内作业辅导为主。随着"双减"政策的实施，课后服务的内容逐步转向以综合素质培养为主。2022 年教育部相关数据显示，92.7% 的学校开展了文艺体育类活动，88.3% 的学校开展了阅读类活动，87.3% 的学校开展了科普、兴趣小组和社团活动。美国作为教育与经济发展成熟的发达国家，其课外培训的主要内容和方向为我国校外培训机构的发展提供了参考。通过分析 2020 年美国校外培训行业的发展情况，可以看出，社交活动、体育以及 STEAM 学习是目前美国校外培训机构所开展的主流项目，而这也与 2022 版的义务教育课程标准的要求相契合。根据美国课后联盟统计数据、学术论文等公开资料，艾瑞咨询研究院整理了美国校外培训的主要形式及其所占的比例，如图 3-24 所示。

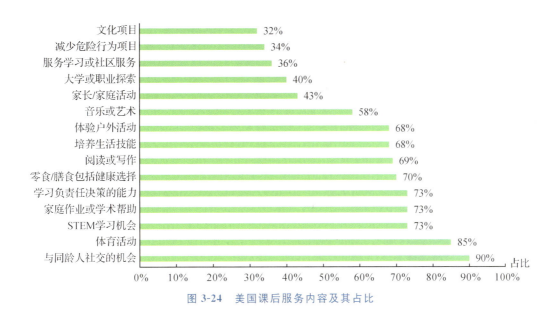

图 3-24 美国课后服务内容及其占比

综上可知，中国未来的课后服务建设与规划应该积极学习国际经验，在课程建设方面提升教育属性，深化素质教育实践，挖掘社区力量等社会师资。同时在监管评估方面，应积极引进第三方机构，平衡家长与财政支出，完善评估体系，使得课后服务的形式与种类多样化。在制度规范上，积极引导各垂直服务商规范发展，督促课程内容服务商提质量、重版权，师资服务商积极开展拓龄拓业务，平台运营商积极进行业务转化。在校内外协作上，校内重视素质教育普及与兴趣启蒙，校外重视个性化服务与兴趣培养。

第三节 STEAM 教育装备新业态

1. 定义

所谓教育装备新业态，是指商业模式创新与经营模式创新相结合而形成的新行业模式。

具体来说，就是教育装备的发展与建设正逐渐从传统的器物配备范畴向以构建支撑课程实施的技术环境为核心的新型装备体系转变，主要体现在传统的以学校集体实验为主的基础教育装备产品向支持自主研习的智能装备产品演变，这一演变可划分为装备形态智能化、营销模式多元化以及应用空间化三个维度。装备形态智能化是新业态的基石，通过 AI 等技术，教育装备实现从器物到智能体的转变。这一进程不仅使常规文具向功能多样化、集成化方向发展，更在物理、化学、生物学、地理等学科领域催生了实验仪器的微型化、套装化趋势。营销方式的变革成为市场拓展新引擎，教育装备的流通渠道从传统的批量采购与集中配送过渡到依托网络购物平台直接触达消费者，加之国产品牌 IP 的崛起，教育装备市场出现家用化倾向。应用空间化拓展是新业态的最终体现，这标志着教育装备不再孤立于器物层面，而是与学习空间形成了联通与协同，共同构建了一个智能、协同共生的教育生态系统。

STEAM 教育作为新兴的教育模式，伴随着新科技的发展而逐步受到国内外专家学者的关注。STEAM 是 Science（科学）、Technology（技术）、Engineering（工程）、Art（艺术）、Mathematics（数学）5 个单词的首字母缩写。STEAM 教育提倡采用跨学科的学习方法，通过真实情景课程教授科学、技术、工程、艺术和数学方面的知识，并且使掌握了这些知识的学生与学校、社区和全球企业联系到一起。STEAM 教育支持学生以学科整合的方式认识世界，以综合创新的形式改造世界，培养学生解决问题的创新能力。STEAM 教育最初为 STEM 教育，本身是为解决美国理工科人才匮乏和理工科教育不振而设立的课程。目前国内大部分学校硬化教育机构所倡导的 STEAM 教育其实是一种跨学科的探究性学习活动，是以 STEAM 教育装备为基础展开的一种教学指导。

目前国内大多数教育装备厂家采用的都是 to S 模式，即生产厂家与学校通过展会的形式进行对接。国际上大型的教育展有德国的 Didacta、英国的 BETT、美国的 ISTE、荷兰的 ISE、中东的 GESS 以及日本的 EDIX 等。国内大型的教育装备展会主要有中国教育装备展示会（综合性展会，包含学前教育、义务教育、高等教育以及职业教育等各领域）与中国高等教育博览会（集高等教育学术交流、教学改革成果推介、现代教育高端装备展示、教师专业化发展培训、科研成果转化、科技创新企业孵化、技术服务、贸易洽谈等为一体的高品质、综合性、专业化的著名品牌活动）两个。除此之外，还有各省区市自行举办的教育装备展（如成都教育装备展、安徽教育装备展等）、学前/幼教装备展等展会（如成都学前教育及装备展等）。但随着网络技术的发展，教育装备的经营模式和商业模式都发生了重要的转变，销售模式由 to S 模式转向 to B 与 to C 模式，如图 3-25 所示。

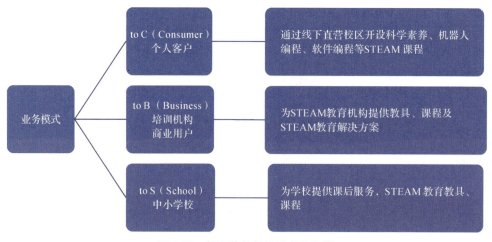

图 3-25　教育装备营销模式的类型

2. 相关政策

（1）教育装备销售采购的政策

目前，我国大部分省区市的教育装备采购是通过政府采购的方式进行的，即中小学校通过发布招标通知，让相关企业进行投标，由学校或者政府委托相关机构进行评标，最后选定中标公司，签订合同，实施采购。这种方式周期长、进程慢，对于保证大中装备采购的科学性、公平性具有一定优势，但是对于一些小的零采则显得非常麻烦。浙江作为电商经济发展活跃的省份，对教育装备的商业模式进行了大胆创新。为提升中小学教育装备的采购效率，浙江省教育技术中心于 2018 年 12 月 3 日，在政府采购云平台上开通了教育装备资源采购馆，以改善教育装备企业现有的经营模式。截至 2023 年 8 月，已经有 1036 家采购单位、855 家供应商入驻，上架产品达 3.3 万件。2022 年，869 家采购单位实施了 1880 笔订单，成交金额达 1.28 亿元。其中竞价订单 112 笔，成交金额 5353 万元，直接采购 1768 笔，成交金额 7496 万元。

（2）STEAM 政策

近年来，中国也掀起了 STEAM 教育的热潮。2015 年，教育部在《关于"十三五"期间全面深入推进教育信息工作的指导意见》中首提"探索创客教育、STEAM 教育等新教育模式"，并指出，要有效利用信息技术推进"创客空间"建设，探索 STEAM 教育、创客教育等新教育模式，使学生具有较强的科技信息意识与创新意识，养成数字化学习习惯，具备重视信息安全、遵守信息社会伦理道德与法律法规的素养。2017 年 2 月，教育部印发《义务教育小学科学课程标准》，首次从官方的角度提出了 STEAM 教育的标准，再次为中国素质教育尤其是 STEAM 教育的开展指明了方向。近年来国家出台了众多的推进 STEAM 教育的，如表 3-1 所示。

表 3-1　STEAM 教育推广拓展的相关文件

时间	文件	制定机构	涉及主要内容	备注
2002 年	中华人民共和国科学技术普及法	第九届全国人大及其常委会	各类学校应当把科普作为素质教育的重要内容	STEAM 教育的法理基础
2006 年 2 月 6 日	全民科学素质行动计划纲要（2006—2010—2020 年）	国务院	完善基础教育阶段的科学教育，提高学校科学教育质量，开展多种形式的科普活动和社会实践	STEAM 教育的萌芽
2006 年 2 月 9 日	国家中长期科学和技术发展规划纲要（2006—2020 年）	国务院	提高全民族科学文化素质。组织开展多种形式和系统性的校内外科学探索和科学体验活动	倡议开展 STEAM 教育

时间	文件	制定机构	涉及主要内容	备注
2015 年 6 月 11 日	《国务院关于大力推进大众创业万众创新若干政策措施的意见》(国发〔2015〕32 号)	国务院	加强创业创新知识普及教育	"双创"政策的出台是我国 STEAM 教育迎来发展热潮的标志性事件
2016 年 2 月 25 日	《全民科学素质行动计划纲要实施方案(2016—2020 年)》(国办发〔2016〕10 号)	国务院办公厅	重点实施青少年科学素质行动,完善义务教育阶段科学课程体系	
2016 年 7 月 13 日	《教育部关于新形势下进一步做好普通中小学装备工作的意见》(教基一〔2016〕3 号)	教育部	支持探索建设综合实验室、特色实验室、教育创客空间等教育环境	开始重视 STEAM 教育的硬件建设
2017 年 1 月 19 日	《义务教育小学科学课程标准》	教育部	学校可在保证完成实验教学基本任务的基础上扩大科学实验室的功能,使其能为课堂外的科学探究和实践应用服务。有条件的学校可以在科学实验室中增设工具角、实践角、创客空间……	STEAM 教育开始步入学校
2017 年 2 月 24 日	《教育部办公厅关于做好中小学生课后服务工作的指导意见》(教基一厅〔2017〕2 号)	教育部	课后服务内容主要是安排学生进行科普活动,以及娱乐游戏、拓展训练、开展社团及兴趣小组活动……	社会、家庭 STEAM 教育相关装备的零售开始快速增长
2017 年 7 月 8 日	《新一代人工智能发展规划》	国务院	人工智能发展正式上升为国家战略,提出实施全民智能教育项目,在中小学阶段设置人工智能相关课程、推广编程课程等	
2017 年 8 月 15 日	《普通高中课程方案和语文等学科课程标准(2017 年版)》	教育部	人工智能、开源硬件项目设计等被纳入高中信息技术课程选择性必修模块	
2018 年 4 月 13 日	《教育信息化 2.0 行动计划》	教育部	将学生信息素养纳入学生综合素质评价;完善人工智能、编程等课程内容,并将信息技术纳入初、高中学业水平考试	
2019 年 11 月 20 日	《教育部关于加强初中学业水平考试命题工作的意见》(教基〔2019〕15 号)	教育部	结合不同学科特点,合理设置试题结构,减少机械记忆试题和客观性试题比例,提高探究性、开放性、综合性试题比例,积极探索跨学科命题	

续表

时间	文件	制定机构	涉及主要内容	备注
2019 年 11 月 20 日	《教育部关于加强和改进中小学实验教学的意见》(教基〔2019〕16 号)	教育部	注重加强实验教学与多学科融合教育、编程教育、创客教育、人工智能教育、社会实践等有机融合,有条件的地区可以开发地方课程和校本课程。广泛利用校外资源积极开展科学实验活动。定期举办全国中小学实验教学技能竞赛	
2021 年 6 月 3 日	《全民科学素质行动规划纲要(2021—2035 年)》	国务院	明确到 2025 年,我国公民具备科学素质的比例超过 15%,各地区、各人群科学素质发展不均衡明显改善	
2021 年 7 月	《关于进一步减轻义务教育阶段学生作业负担和校外培训负担的意见》	中共中央办公厅、国务院办公厅	鼓励有条件的学校在课余时间向学生提供兴趣类课后服务活动	
2022 年 3 月 5 日	《义务教育课程方案和课程标准(2022 年版)》	教育部	设立跨学科主题学习活动,加强学科间相互关联,带动课程综合化实施,强化实践性要求	
2023 年 8 月 23 日	《校外培训行政处罚暂行办法》	教育部	规范学科培训,为素质培训活动拓展的进一步转型奠定了基础	

3. 相关企业规模

随着素质教育的全面发展,科学启蒙教育也受到更多家长的关注,寓教于乐成为儿童教育的新主流。在这一背景下,以 STEAM 应用为主的微型实验套装产品正逐步成为电商平台销售的新趋势,很多中小学的教材已经开始提供类似的实验套装产品了。此类实验套装产品的主要应用场所为家庭,其物美价廉,成为众多中小学生家长购物车的新宠,也成为传统实验室教育装备的有力竞争对象。根据 Steam 官方最新的硬件调研数据,在全球所有的 Steam 玩家中,使用英语的玩家比例为 36.11%,使用简体中文的玩家比例为 26.23%,使用俄语的玩家比例为 9.67%。截至 2021 年底,日本游戏总研股份有限公司对全球 14 个热门国家和地区(中国大陆、中国台湾、美国、日本、英国、德国、法国、印度尼西亚、马来西亚、加拿大、韩国、印度、泰国、新加坡)的 Steam 市场规模进行调研的数据显示,中国大陆市场以 13272 亿日元(约合人民币 663 亿元)的成绩夺冠,占据了 Steam 商城的最大市场,而美国市场以 4232 亿日元(约合人民币 211 亿元)的规模居于次位。第三到第五名则分别是印度尼西亚(602 亿日元,约 29 亿元人民币)、德国(564 亿日元,约 28 亿元人民币)、英国(562 亿日元,约 27 亿元人民币)。

我国 STEAM 教育市场的 to C、to S、to B 三种商业模式市场规模占比分别为 93％、5％和 2％。to S 倚重渠道，硬件为核心收入来源，在政策支持下，预计未来 to S 发展速度更快，同时软硬配比更均衡；to B 倚重性价比，以教具售卖及加盟为主；to C 倚重师资及服务，未来软硬件的结合会更紧密，家庭教育产品市场空间有待打开。艾瑞咨询研究院发布的《中国青少年 STEAM 教育研究》中的数据显示，2022 年，中国 STEAM 教育市场规模为 466 亿元，其中机器人编程类 284 亿元，软件编程类 162 亿元，科学素养类 20 亿元。根据相关机构的数据预测，中国 STEAM 教育 2028 年有望突破 1000 亿元，达到 1055 亿元的规模，相关数据如图 3-26 所示。

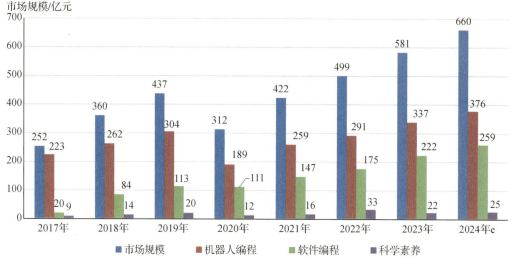

图 3-26　2017—2024 年中国 STEAM 教育细分门类市场规模

4. 发展趋势

（1）STEAM 教育类玩具增长趋势明显

相关研究机构统计显示，2022 年中国教玩具市场零售额超 880 亿元，教育化趋势明显，STEAM 教玩具等益智类玩具增长均超 50％。天猫、京东两大电商平台先后发布《天猫潮流玩具经营白皮书》《2022 玩具消费报告》和《2022 儿童节消费趋势报告》对相关产品销售和经营情况进行梳理。2022 年 11 月 8 日京东超市联合京东消费及产业发展研究院发布的《快消新奇特商品消费报告》显示，八大品类的新奇特产品中，科研型、实验套装玩具成新潮流。京东发布的《2022 玩具消费报告》显示，积木玩具、STEAM 玩具、潮玩手办需求旺盛，乐高、俏皮谷、万代分占据各类玩具的榜首。在玩具产品的选择方面，植物生长观察、考古发掘、太阳能、风能、水能等一些科研型、实验套装产品成为儿童的新宠。京东发布的《2022 年度七大玩具乐器趋势商品》中，功能性毛绒玩具、咕卡玩具、动漫/游戏 IP 类玩具成为前三位趋势商品,STEAM 教玩具、葫芦丝、过家家玩具及魔方玩具位列第四到第七,STEAM 教玩具年成交金额同比增速均超过 50%。

(2)国产玩具 IP 优势逐渐显现

淘宝、天猫平台发布的"2021 年淘系百大 IP 榜单"中,宇宙英雄奥特曼位居第一,宝可梦、小刘鸭分列第二、第三,泡泡玛特的 Molly 排在第四。百大 IP 中,分别有 43 个动漫 IP、26 个潮玩 IP、12 个游戏 IP、9 个影视 IP、6 个表情包 IP、3 个文创 IP 和 1 个虚拟偶像 IP。国货崛起,国货品牌影响力在多个领域与日俱增,通过短视频、直播、私域运营等新营销形式,国内 IP 的整体影响力也快速增长。在百大 IP 中,中国 IP 数量占比高达 45%,具体品类 IP 数量如图 3-27 所示。

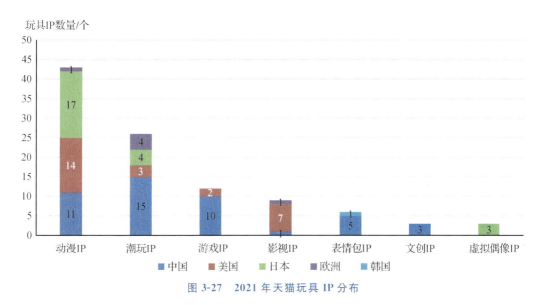

图 3-27　2021 年天猫玩具 IP 分布

(3)to C 模式成为 STEAM 教玩具的主营模式

艾瑞咨询研究院发布的《2022 年积木玩具市场洞察报告》中的数据显示,我国 STEAM 教玩具中,机器人编程类市场规模占比最大,to C 为主要营销模式,三种销售模式的比例如图 3-28 所示。

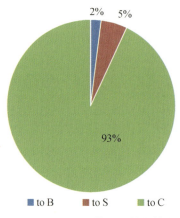

图 3-28　STEAM 教玩具销售模式

　　近年来，三类销售模式的市场规模以及增长率的具体数据如图 3-29 与图 3-30 所示。

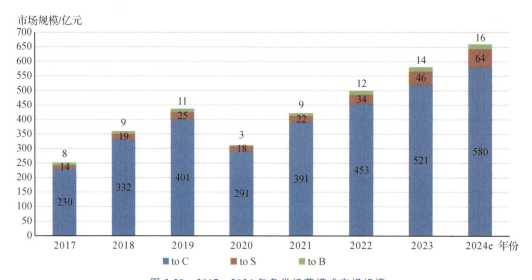

图 3-29　2017—2024 年各类经营模式市场规模

图 3-30　2017—2024 年三类销售模式增长率

通过京东平台搜索基于 STEAM 的科创类探究玩具产品,如实验套装等,可以看到市场份额快速增加,本书选取了部分产品进行对比,如图 3-31 所示。

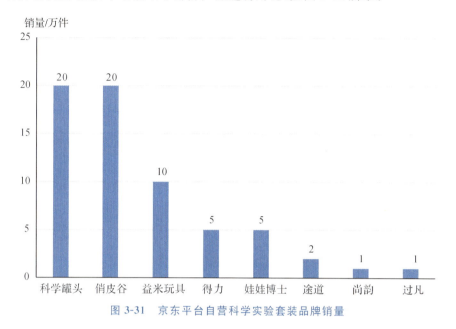

图 3-31　京东平台自营科学实验套装品牌销量

通过分析京东销售中小学生实验套装的数量,可以发现,这些品牌的实验套装仅京东自营的年销售量都已过万,部分产品更是达到 20 万套。面对如此巨大的市场规模和销售量,传统的教育装备生产企业应及时把握动态,改变原有的经营模式,构建教育装备行业新业态,才能适应时代的发展要求。

第四节　基础教育装备发展新业态

随着社会的发展和经济水平的提升,普通大众对美好生活的需求提高,家长对子女的教育投入也逐步增加,这使得以学校集体实验为主的基础教育装备产品的形态和销售模式都发生了巨大的变化,主要体现在几个维度上:产品维度上,常规文具功能的多样化、集成化,物理、化学、生物学、地理等学科的实验仪器微型化、套装化和家庭化,实验设备智能化;建设维度上,装备建设向着空间化、情景化发展;流通维度上,教育装备的销售逐步由 to S(政府部门统一采购)模式向着 to C(家庭以及学校零散采购)模式发展。

1. 新型文具

人类社会的快速进步,物质生产资料的极大丰富,使得传统的、功能单一的文具已经不能满足家长与孩子等客户群体的需求了。这类用户已经不再单纯追求色彩和图案的多样,而是更加注重提高孩子的动手能力,锻炼孩子的手眼脑协调能力,开拓孩子的观察能力及创造性思维能力。这使得高效、健康以及科技含量较高的新型文具市场需求倍增,如备受消费者青睐的自律打卡器、自动铅笔刀、迷你桌面吸尘器、喵喵机等新型文具。

所谓的新型文具是相对于传统文具而言的,它拓展了功能单一、应用单一的传统文具性能,改变了文具的呈现形态,并附加和集成了多种其他文具的功能,使得文具一具多用、自动化、智能化,并以 DIY 手工文具、组合文具礼盒套装等形式进行销售。例如,将铅笔、直尺等文具功能集成变为将刻度刻在铅笔笔身,并适当改变铅笔形状,这些改变后的文具深受家长和小朋友喜爱。

目前新型文具已经成为各大文具生产厂商拓展业务、增加市场规模的重要手段。中国企业数据库——企查猫的数据显示,目前浙江省的文具注册企业占了半壁江山,截至 2024 年 3 月,浙江省文具行业企业数量超过 7000 家,其中颇具代表性的企业有得力集团有限公司、宁波美博进出口有限公司、温州市爱好笔业有限公司等。这些企业不仅在全国享有盛誉,其产品也广泛销往国内外市场,满足不同消费者的日常需求,其发展不仅体现了从传统制造到创新发展的转变,也展示了我国文具产业在全球的重要影响和地位。

在浙江,宁波拥有"中国文具之都""文具新国货第一城"以及"中国笔都"等众多美誉,其文具行业年产值约占全国的 20％,年出口交货值约占全国的 25％,品类涵盖 11 个大类,品种超万个。截至 2023 年 9 月,全市文体用品行业中的规模以上工业企业 747 家,其中 10 亿元以上企业 8 家。浙江省另外一个文具生产重镇——温州的制笔行业也颇具代表性,2013 年温州龙湾区制笔产业链基本建成,相关企业达 175 家。

文具行业涉及面广,可以细分为笔制造、文具制造、办公文具、教学用具以及其他文体用具等 5 个大类。基于上述分类,笔者对浙江省文具企业(除个体工商户)进行梳理,粗略统计企查猫网站数据发现,相关文具企业(除个体工商户)已达 80 万余家。总体上看,金华、宁波、杭州等城市文具企业数量多,发展较好。浙江省各地级市的文具企业分布数量如表 3-2 所示。

表 3-2　浙江省文具企业区域分布情况

单位:家

地级市	笔制造	文具制造	办公文具	教学用具	其他文体用具	总计
金华市	130	1478	100000＋	211	10000＋	111819＋
宁波市	194	1220	97399	47	4022	102882
温州市	105	1431	70938	187	3846	76507
丽水市	70	98	11207	53	695	12123

续表

地级市	笔制造	文具制造	办公文具	教学用具	其他文体用具	总计
台州市	10	161	29245	10	1571	30997
嘉兴市	18	118	37424	8	1368	38936
绍兴市	11	107	27923	7	1350	29398
湖州市	65	39	21394	4	606	22108
杭州市	389	353	100000＋	32	4757	105531＋
衢州市	37	28	11046	3	528	11642
舟山市	2	6	7673	2	208	7891
总计	1031	5333	755087	564	44942	806957

注释：数据来源于中国企业数据库企查猫，截至 2024 年 5 月 31 日。

2. 科学实验套装

伴随着新型文具的发展与应用推广，科学实验套装逐步成为家庭教育的新宠。科学实验套装是指利用科学原理，将教学与娱乐功能合而为一，用于进行实验和探索科学原理的工具集，通常包括实验说明书、实验器材、化学试剂及实验工具等，是实验器材的微型化、家庭化和系统集成化、组成化应用，其实验内容以基础的物理、化学和生物实验为主。

科学实验套装的发展历程可以追溯到 19 世纪，主要是为了满足科学家进行实验研究的需要。随着科学教育逐渐普及，人们开始意识到实验教学对学生的重要性，传统课堂中进行实验难度大、耗材贵，且常常需要教学者自行准备，难以满足学生的日常学习和实验需求。伴随着对科学知识的不断追求和实验教学的探索，科学实验套装开始被用于学校教育中。作为一种实验资源，它的教育功能的实现有赖于科学玩具在实验教学中的应用，教师可根据教学需要，适当选用科学玩具，充分发挥科学玩具实验教学的优势。

到了 20 世纪，随着工业化和科技发展，科学实验套装得到了进一步的发展和完善。美国多家游戏企业将自然玩具与科学、艺术相结合，塑造了传统玩具的新属性，弥补了学校在科学教育方面的缺口，一部分家长自身也发现了科学的乐趣。于是，一些教育机构和企业开始生产和销售专门针对学生和家庭使用的科学实验套装，这些套装通常包括实验说明书、实验器材等，化学生物类实验套装还包括化学试剂、生物试剂等。这些科学实验套装能够帮助学生进行全面有趣的实验探究。

21 世纪以来，我国学者吴琼等人提出通过开发大众型、普及型的科普资源实验包实现把家变成实验室的想法。这类材料包及配套使用的图书不仅能够激发学生的学习兴趣,提高我国中小学教学质量,同时还能够促进家长科学素养的提高。

随着 STEAM 教育理念的兴起,创新精神和创造能力成为教育者以及家长日渐重视的能力,因此科学实验套装也得到了更多的关注和重视。许多科学实验套装开始整合计算机编程、工程设计等元素,旨在培养学生的创造力、解决问题的能力和团队合作精神。疫情期间,由于人们宅家娱乐时间增多,越来越多的家庭更加重视将娱乐与教育相结合。美国玩具协会潮流趋势专家 Adrienne Appell 指出:"传统的课程面授模式因为疫情原因而改为网络课程,或者是两者结合的形式进行,家长对玩具的需求与日俱增。科学实验套装不仅能够缓解疫情下的压力,还能够保持学生的学习热情。"

科学实验套装的快速发展给传统基础教育装备生产厂商带来了严峻的挑战,但同时也为基础教育装备产业转型带来了新的机遇。另外,实验套装这种新的装备业态,也对学校传统实验室的规划与建设提出了更高的要求,即传统的理化生实验室建设要逐步走向系统化、智能化和高端化。

为了更好地把握基础教育科学实验套装的市场生产规模、销售规模和发展趋势,笔者对京东、淘宝、天猫、抖音以及拼多多等国内主要电商平台销售页面显示的销售数量进行梳理与统计(数据截至 2024 年 5 月 9 日),相关数据如图 3-32 至图 3-34 所示。

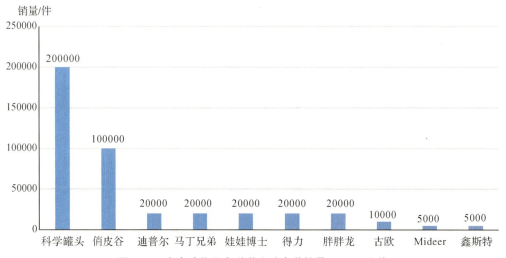

图 3-32　京东购物平台科学实验套装销量 TOP10 品牌

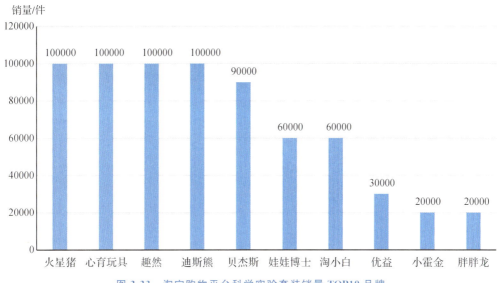

图 3-33　淘宝购物平台科学实验套装销量 TOP10 品牌

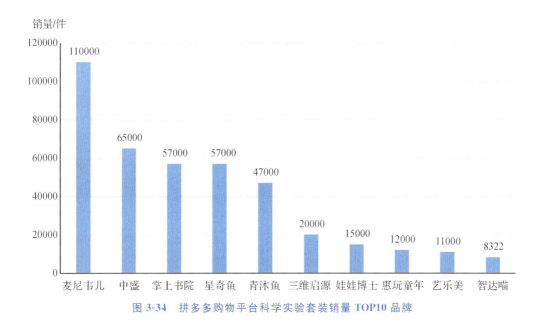

图 3-34　拼多多购物平台科学实验套装销量 TOP10 品牌

3. 素质类硬件成为新宠

教育智能硬件是教育数字化的重要载体。从发展历程来看，优质教育内容才是促进其内涵发展的核心。最具有代表性的就是学习平板。学习资源的内化已然成为学习平板的差异化竞争力。市场数据显示，教育智能硬件越来越关注细分学习痛点的解决，如聚焦于刷题练习的学练机，聚焦于作业采集分析的智能手写笔，聚焦于思维训练、注意力训练的早教产品。各教育场景正被硬件产品逐个覆盖，各教育需求正在被逐步满足。

　　美国校外教育智能硬件以素质教育类产品即智能终端为主，从阅读、音乐、情感认知等多维度为孩子提供综合教育服务。20 世纪前后，传统玩具厂商率先入局，如在原有毛绒玩具 Furby 的基础上加入口语练习功能。近年来，随着 AI 技术与大模型技术的发展，新兴厂商开始探索新品类，以素质类硬件为主。其中，基于语音技术、关注儿童互动陪伴方面的产品较为火热。World Metrics 统计数据显示，预计到 2025 年，配备语音识别技术的人工智能玩具市场规模将达到 6.8 亿美元。

　　就国内市场而言，艾瑞咨询研究院以天猫平台为基础，对 2020 年以来的市场销售数据进行了调研与预测。数据显示，2023 年中国国内校外消费级市场份额达 512 亿元，校内机构级市场份额达 165 亿元，预计 2027 年两者累计市场份额将超千亿元，具体的数据如图 3-35 所示。

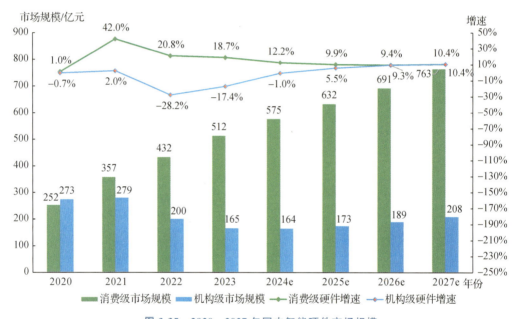

图 3-35　2020—2027 年国内智能硬件市场规模

　　对于智能终端来说，学习平板成为校外消费市场的主流，交互大屏则是校内消费市场的主流。根据市场销售数据可以看出，教育交互大屏在中国基础教育学校的渗透率接近 100%，近年来销量呈现连续下降的态势，且换机潮尚未来临，业务更多依赖于设备的更新与维修，需求不稳定。因此，就交互大屏而言，当前国内市场集中度高；竞争格局基本稳定，产品标准化程度高、成本结构清晰，利润空间也较低。但从国际市场来看，海外市场的渗透率低，且各国政策在积极推动，这使得海外市场可能成为各厂商发力的重点方向。

　　随着生成式人工智能（AIGC）技术的发展，教育大屏技术升级可能是教育 AIGC 技术应用落地的重要方向。AIGC 可辅助教师完成部分备课规划、作业批改的工作，帮助教师节省大量时间。同时,教育大屏在中国有庞大的用户基础和成型的用户习惯,体验好、效率高的应用才能实现长期的增值盈利。

具体到教育智能硬件可以发现:学习平板的屏幕通过墨水屏、类纸膜等技术不断强化护眼功能以弥补液晶屏幕的不足,屏幕越来越大以便更高效地输出;智能手写笔通过接入笔盒以提升续航和组网能力,实现课堂互动;词典笔将屏幕、摄像头折叠设计以完善功能。学习平板、智能手写笔在校内的渗透率目前较低,但随着自主编解码技术、“一人一码”技术的发展,其常态化应用将逐渐得以实现。

4. 销售渠道的发展态势

目前教育装备的销售渠道已经发生了很大的变化,传统的以各类装备展模式为主的 to S 模式的影响力逐渐减小。尤其是随着自媒体的发展,用户获知渠道多元、购买渠道分散、渠道特色及品类青睐差异明显,逐渐成为装备行业销售购买的新态势。

就目前国内的情况来看,用户的产品信息获知以线上渠道为主,呈现多样化趋势,淘宝、天猫、京东、拼多多、抖音、小红书等平台线上软文和硬广,以及私域熟人分享等往往是用户获知产品特性以及功能的重要渠道,其中天猫、京东等电商平台占比更大。但在进一步的购买行为中,用户更倾向于选择成熟且可信赖的渠道,仍以天猫超市及京东超市等传统电商、线下专卖店为主。虽然当前抖音、快手等直播平台电商流量更大,新客更多,但天猫超市与京东超市等传统电商更为成熟,用户消费习惯成型且信赖度更高。

艾瑞咨询研究院发布的《教育智能硬件市场与用户洞察报告》中的数据显示,用户的获取渠道占比如图 3-36 所示。

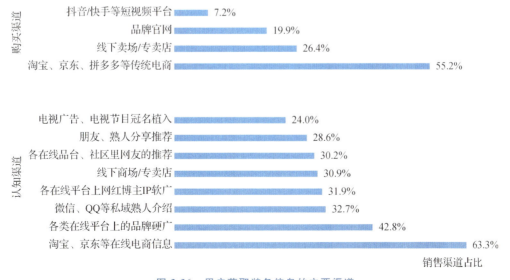

图 3-36　用户获取装备信息的主要渠道

相对于散户来说，学校购买装备的渠道相对复杂，如图 3-37 所示。

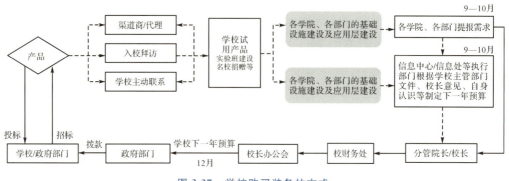

图 3-37　学校购买装备的方式

第五节　课堂教学行为分析趋势

无论是何种教育教学改革，基础教育的重心和焦点始终是课堂。如何对课堂进行较为深入的观察和分析，对师生在课堂环境下的"教"与"学"的行为进行分析，以发现教育教学规律，阐释教育理念，构建教育模式，提升教育教学效果，实现育人目标，一直是世界各国教育理论研究者和实践者所密切关注的课题。由于真实课堂教学的不可重复性和不可逆转性，以往研究中的课堂观察都是一次性、主观性的，相关过程性数据与材料纷杂，研究质性分析居多，研究成果普适性不强，成为课堂中师生行为量化分析、研究的瓶颈。

1. 传统的课堂教学行为分析

苏联教育家巴班斯基是开展教学评价的先驱之一，他在"教学过程最优化"的研究过程中，为课堂教学各环节的评价拟出了详细的观察目标，包含多个评价维度。20 世纪 60 年代，西方学者开始运用课堂观察方法，对教师课堂教学行为进行总结、归纳和分析。瑞安斯通过对教师教学特征的研究，总结出有效教学和无效教学的教师特征。20 世纪 70 年代后半期起，一些评价研究人员从有效教学的视角出发，综合运用多种方法，提炼出对教师课堂教学行为进行评价的有用信息，如盖奇和伯利纳在研究了各种与学生学习有关或能引起学生有效学习的教师行为之后，确定将 4 类教师行为作为课堂教学评价的重点，即组织、提问、探究和奖励。此外，还有不少研究者制订了较为系统和实用的课堂教学评价量表，如美国课堂教学评价专家多伊尔对教师教学行为特征加以整理、分析、归纳，提出了教师教学行为特征表。又如弗兰德斯互动分析系统（FIAC）以课堂言语活动的 10 个种类为基础,提出了弗兰德斯课堂互动分析模型。该模型是根据社会学专家贝尔斯的"群体内互动行为"分类方法,对录制的视频每隔 3 秒进行一次数据分析,形成一个课堂师生会话、互动行为记录的矩阵图,进而实现将质性分析转变为量化分析。但该方法需要先人工编码,才能利用计算机进行分析,仅一节 45 分钟的课堂就要进行 900 多个记录,费时费力,面对海量的课堂录制视频,难以形成规模化分析。

在国内,学者田馨在课堂观察、访谈、问卷等调查后,进行梳理、统计、分析,构建了课堂教学行为评价指标体系;学者丁洁在问卷、访谈的基础上,构建了高中优质地理课教师课堂教学行为评价标准;学者范晓婧则构建了"初中数学教师课堂教学行为评价指标体系";学者靳昕采用"以生评教"的方式,分 8 个维度、29 个指标建立了大学文科教师课堂教学行为评价指标体系。通过分析,不难发现上述评价体系均难以实现机器的自动量化统计,其编码都需要人工进行识别,才能使用计算机进行编码统计和分析。因此,这些评价从本质上来说,仍属于传统的人工分析的范畴。

2. 基于人机合作的课堂分析模式

为了突破传统人工课堂观察研究的困境,一些信息技术专家根据弗兰德斯课堂互动行为分析技术原理,通过语音识别技术、语义分析以及人脸识别技术对课堂录像进行分析,开发了在线课堂互动分析技术,初步实现了师生互动分析(S-T 分析),或者在此基础上生成了课堂类型分析(Rt-Ch 分析)等图形化的可视化分析结果,如图 3-38、图 3-39 所示。

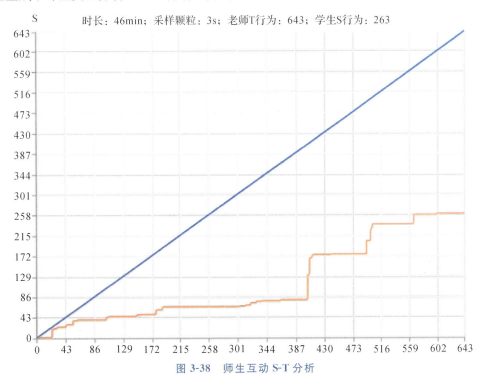

图 3-38　师生互动 S-T 分析

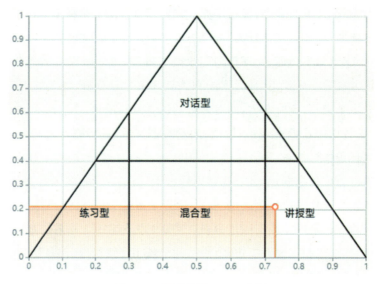

图 3-39   课堂类型 Rt-Ch 分析

但是这些系统分析的精度还需要人工进行矫正,其分析只能大体上反映一节课堂的授课状态,不能对师生的话语进行充分分析,还需要研究人员对其话语内涵进行进一步分析,将分析结果中无关的关键词进行剔除,才能形成较为合理的分析图谱。目前市场上所谓的基于 AI 的智能课堂分析产品大多属于此类型。笔者基于天眼查、微信公众号、教育装备展等多种平台、渠道进行了相关的数据统计,具体如表 3-3 所示。

表 3-3   目前市场上部分 AI 课堂互动分析系统功能简介

公司名称	产品名称	具体功能
上海联课智能科技有限公司	EDUKU 联课智能(课堂智能分析与诊断)	助力教师磨课、研修、培训,促进教师队伍协同发展;助力课堂教学质量分析、评价、诊断,把控课堂多维度学情;推动教学教研数字化进程,致力教育信息化更进一步;助力教学教研课题成果展示,促进校级区域教学成效提升
北京中庆现代技术股份有限公司	AI 巡课与督导评价系统	较早地使用人工智能 AI 分析课堂技术,通过中庆智能终端设备实现批量课堂音视频录制和数据挖掘,实时分析教师和学生的课堂行为数据,自动取证课堂违规或者低效行为,实现全方位 AI 自动巡课
科大讯飞股份有限公司	新一代智慧课堂	新一代智慧课堂由讯飞智慧窗、讯飞智能学生机、班级超脑能力平台共同构成。通过班级超脑搭载的一系列人工智能技术,讯飞智慧窗和讯飞智能学生机实现软硬一体紧密相连,实现深度赋能课堂,让课堂教学的延伸更具深度和广度。班级超脑可以做到课前、课中、课后的全场景数据闭环,同时除了支持场景数据采集,也支持多种题型采集,帮助老师更好地还原班级的学情,让老师对每一个学生的情况都有可视化呈现。学生的学情可视化呈现后,老师可以在备课过程中掌握更多主动性,也可以对教学过程有更加动态的调整。课后,也能帮助学生去规划个性化的学习路径

公司名称	产品名称	具体功能
西安鼎联优拓网络科技有限公司	课堂行为数据 AI 分析系统	利用教室内高清摄像头的实时课堂画面结合行为识别服务器对学生课堂行为状态进行识别。主要包括学生课堂行为自动分析,运用如姿态评估、表情识别、语言识别、关键词匹配等技术,探索对课堂教学过程的定量分析
杭州海康威视数字技术股份有限公司	学生课堂行为分析系统(AI互动课堂解决方案)	在课堂内建设智能分析设备,实现行为分析、人脸点名等功能,建立一个完整统一的系统技术体系,支持教学资源的整合应用,并提供统一的调度和管理,同时,系统体系结构分层组织,系统功能模块化,系统集成松耦合,方便业务应用的修改、重用和部署,满足系统未来弹性扩展的要求
广州视睿电子科技有限公司	希沃录播 AI 课堂智能分析系统	希沃白板切入学生、老师、课堂三个分析角度,以"教师全景＋学生全景"的画面为基础,客观还原真实课堂,从课堂风格、教学行为、教学语言、学生表现等多个方面,优化教学策略,为周期性结果评价及长期的过程性评价提供数据参考,助力学校提升整体的教学质量
上海科骈数字科技有限公司	AI智慧课堂	通过深度学习人脸分析方案,可准确识别课堂中教师及学生人脸信息,提供人脸检测、人脸关键点检测、人脸识别等 AI 教育技术能力,可用于课堂签到,还可将教学过程中师生上课状态数据化,应用于教学质量管控、个性化教学等多元化教育场景 保证校园安全,AI 技术可以实现陌生人识别和安保响应,可轻松识别学校中所出现人员的身份信息。AI 还可实现危险器械和危险行为识别,对校内打架、欺凌等危险行为做到及时安保响应
燧机(上海)科技有限公司	AI 课堂行为分析系统	燧机科技 AI 课堂行为分析系统基于图像识别算法和数据分析,通过实时监测和评估学生的表情状态、课堂表现和互动行为,提升教学效果,促进学生参与。系统可以及时发现学生的不良学习状态,提醒教师采取相应措施,适用于各类教育场景,可以提供有效的监测和评估,为教师教学提供科学依据,进一步改善教学质量。AI 课堂行为分析系统的应用,可以让教师更好地了解学生的学习情况,进行个性化教育,实现优质教学的目标
广东保伦电子股份有限公司	itc 智慧校园之未来教学 AI 分析平台	将 AI 视频技术分析能力和教学场景融合的数据分析平台,可记录教师和学生的日常行为活动,如肢体语言、身体姿态、面部表情等,形成数据导入 AI 分析系统,经过 AI 分析系统进行分析和结构化,帮助教师管理学生,助力学生提高个人成绩,为校领导决策提供科学依据
广州海昇教育科技有限责任公司	智慧课堂教学系统	适用于高校以及高职院校,以解决师生课堂互动手段匮乏、学生参与度低、研讨组织效率低、课堂数据无记录、成果无保留等问题,充分借鉴大脑管理神经行为的机理,打造出承载"教学资源＋教学数据＋智能分析"的强大"云端大脑"。将课前建课备课和学习预习、课中课堂教学和实践操作、课后复习考核和教学评估等整个教学过程融会贯通,实现对"线上＋线下"教学全过程的即时数据采集、云端分析处理和即时结果反馈,协助学校成功构建完整的信息化教学生态体系

3. AI 智能课堂分析

虽然基于人脸识别的智能摄像技术已经非常成熟,利用相关的视频识别技术并结合深度神经网络算法能够准确地识别出课堂上师生的表情与动作,但这些表情与动作不足以全面和真实地反映教学互动行为的内涵,因为课堂互动的关键在于会话及其内涵。而目前基于 AI 的智能课堂互动分析,还存在两个关键的技术瓶颈。首先,目前的语音识别技术还无法针对常规课堂上复杂的会话环境进行精准的识别,并将其转译为文本。其次,现在的语义分析系统,缺乏足够的语料库,不能精准地提取会话的语义内涵,并无法形成全面科学的知识图谱。但随着传感技术的进步、语义分析模型的完善、学科语料库的建立以及生成式人工智能的发展,基于复杂环境的语义信息系统将逐步完善,真正意义上的课堂互动分析将取得实质性进展。

(1)学生智能终端的逐步普及将极大地提升 AI 智能课堂分析的效果

Project Tomorrow 的调查数据显示,2022—2023 学年,美国 84％的 K12 教师表示其学生有个人专属的设备。

4. 实验技能考核

实验教学是国家课程方案和课程标准规定的重要教学内容,是培养创新人才的重要途径,也是进行教材知识传授的重要辅助手段。为此,教育部出台《关于加强和改进中小学实验教学的意见》(教基〔2019〕16 号),提出要"完善实验教学体系,规范实验教学实施"等要求,并在《基础教育课程教学改革深化行动方案》中明确提出"将实验操作纳入中考"。截至 2024 年 3 月,27 个省区市明确提出在中考中加入实验操作考试,其中大部分省区市已落地实施,多采用现考现评的方式进行。另外,上海、广州、深圳已经完成了基于信息化手段的考试方案。湖南、甘肃、陕西、宁夏、内蒙古等省区以及广东其他城市处于建设高峰期。

(1)实验技能考核的相关文件

为了有效提升义务教育阶段学生的综合素养,各地纷纷出台了实验技能考核的相关文件与标准。笔者通过网络收集与整理了各地的实验技能考核的要求,相关数据如表 3-4 所示。

表 3-4　我国各地实验技能考核相关文件与标准

地区	机构	文件名称	时间
天津	市教委	《市教委关于天津市推进高中阶段学校考试招生制度改革的实施意见》(津教政〔2019〕1号)	2019年2月21日
重庆	市教委	《重庆市教育委员会关于做好2024年初中学业水平考试暨普通高中招生工作的通知》(渝教基发〔2024〕5号)	2024年4月24日
北京	市教委	《北京市初中学业水平考试实施方案》	2023年1月30日
上海	市教委	《上海市初中学业水平考试实施办法》	2023年7月7日
青海	省教育厅办公室	《青海省教育厅办公室关于做好2024年初中学业水平考试工作的通知》(青教基〔2024〕18号)	2024年4月13日
甘肃	省教育厅	《甘肃省教育厅关于印发〈甘肃省普通高中学业水平考试实施办法〉〈甘肃省普通高中学生综合素质评价实施办法〉〈甘肃省普通高中学生发展指导意见〉〈甘肃省普通高中选课走班指导意见〉的通知》(甘教基二〔2021〕4号)	2021年9月17日
陕西	省教育厅办公室	《陕西省教育厅办公室关于做好2024年陕西省初中学业水平考试工作的通知》(陕教基一办〔2024〕2号)	2024年2月20日
浙江	省教育厅	《浙江省教育厅关于实施初中学业水平考试全省统一命题的通知》(浙教基〔2023〕51号)	2023年10月26日
江西	省教育厅、省中招委	《江西省2023年高中阶段学校考试招生工作规定》	2023年5月6日
黑龙江	省教育厅	《黑龙江省初中学业水平考试工作方案(试行)》	2023年9月
新疆	自治区教育厅	《2018年初中学业水平考试与普通高中招生实施方案》	2018年5月11日
江苏	省教育厅	《省教育厅关于加强和改进中小学实验教学的实施意见》(苏教基〔2022〕1号)	2022年1月17日
辽宁	省教育厅	《辽宁省高中阶段学校考试招生制度改革实施方案(试行)》	2021年7月21日
宁夏	自治区教育厅	《自治区教育厅关于调整规范初中学业水平考试有关事项》(宁教规发〔2023〕9号)	2023年10月13日
福建	省教育厅	《福建省高中阶段学校考试招生制度改革实施意见》	2018年8月29日
海南	省考试局	《2024年海南省初中学业水平考试和高中阶段学校招生工作实施细则》	2024年5月20日
广东	省教育厅	《广东省教育厅关于初中学业水平考试物理、化学、生物学等科目实验考试的指导意见》(粤教考〔2020〕7号)	2020年
深圳	市教育局	《深圳市深化初中阶段理科实验教学与测评改革的实施意见(试行)》	2022年12月29日
广西	自治区教育厅	《自治区教育厅关于做好全区初中学业水平考试统一命题有关工作的通知》(桂教基教〔2022〕119号)	2022年11年23日
湖南	省教育厅	《关于加强和改进中小学实验教学的实施意见》(湘教发〔2022〕58号)	2023年1月16日

续表

地区	机构	文件名称	时间
湖北	省教育厅	《湖北省推进高中阶段学校考试招生制度改革的实施意见》	2017 年 12 月 26 日
河北	省教育厅	《河北省教育厅关于进一步完善高中阶段学校考试招生制度的通知》	2022 年 6 月 9 日
河南	省教育厅	《河南省普通高中学业水平考试实施办法（试行）》	2016 年 8 月 20 日
山西	省招考中心	《山西省招生考试管理中心关于做好 2024 年初中学业水平考试信息技术和理化生实验操作考试工作的通知》	2024 年 3 月 5 日
山东	省教育厅	《山东省教育信息化 2.0 行动计划（2019—2022）》	2019 年 8 月 13 日
四川	省教育厅	《四川省普通高中学业水平考试实施办法》	2022 年 6 月 29 日
西藏	自治区教育厅	《2021 年西藏自治区初中学业水平考试规定》	2020 年 08 月 03 日
云南	省教育厅	《云南省初中学生物理、化学、生物学实验操作考试方案》	2021 年 1 月
贵州	省教育厅	《贵州省普通高中学业水平考试实施办法》	2021 年 10 月 27 日
内蒙古	自治区教育厅	《内蒙古自治区深化高中阶段学校考试招生制度改革实施方案》	2022 年 6 月 22 日
吉林	省教育厅	《吉林省教育厅关于加强和改进中小学实验教学的实施意见》（吉教基〔2021〕16 号）	2021 年 5 月 8 日
安徽	省教育厅	《安徽省教育厅关于做好 2024 年初中学业水平考试工作的通知》	2024 年 3 月 20 日

（2）实验技能考核的系统

随着教育装备信息化与智能化发展，实验操作考试采用信息化技术手段进行，采用人工智能技术进行自动评测：在标准实验台上固定安装全景和近景摄像头并通过互联网接入，形成"过程记录＋数据云存储＋智能评测＋大数据分析"一体的智能实验教学测评及实验操作考核系统，有效解决了考生身份信息识别、考题抽签、操作实录、网上阅卷、多人批阅、争议仲裁、备案查询、大数据分析等一系列难题。基于人工智能的实验考核系统，可实现实验操作考试人工智能阅卷评分、考试过程追溯等。一方面，它可以统一标准，使评分更加公正、公平；另一方面，它可大幅提升评分效率和准确度，每场考试只需一到两名学科教师进行考后成绩复核，使整个考评过程更加高效。目前市场上的实验考核系统逐渐成为各地义务教育中实验室建设的投资重点。笔者梳理了市场应用范围较广且口碑相对较好的部分智慧实验技能考核系统，如表 3-5 所示。

表 3-5　市场上部分智能实验技能考核系统

公司名称	产品名称	具体功能
上海中科教育装备集团有限公司	理化生智能云教考系统	采用前视摄像头及俯视摄像头录制学生实验操作过程,利用深度学习目标检测算法识别录制到的视频中的目标物体,根据漏斗搭建实验目前评分的规则,对该学生的漏斗装置搭建实验进行评分,并得到最终的操作得分,解决了目前化学漏斗装置搭建操作实验过程中存在的评分人员素质要求高、评分工作量大以及评分标准难以统一的问题
北京威成亚实验室设备有限公司	中学实验操作考评系统	中学实验操作考评系统用于实验制作、考试发布、过程采集、阅卷审核、结论追溯全过程。可应用于初高中物理、化学、生物三科。同时,其具备三种使用模式——普通授课模式、电子授课模式、实验考试模式,可适应不同场景的教学和考试,能满足用户多元化需求,提高实验室利用率
成都西交智汇大数据科技有限公司	理化生实验 AI 教考系统	应用自研 AI 智能技术,结合大数据技术、流媒体技术、文件处理技术,打造出中学理化生实验 AI 教考系统解决方案。在同一套硬件体系下打造中学生理化生实验教学考试生态闭环,提高考试的公平公正性,提升实验教学水平
郑州神龙教育装备有限公司	智能顶装理化生实验室	智能化控制系统,可以集中控制学生终端设备,操作便捷,支持远程操控,智能便捷。在外观和功能上均运用模块化设计思路,采用智能吊装集成系统,为实验室建设提供了最大限度的灵活性,提高实验室空间利用率,具有智能考评、远程监考、智能打分、全程记录等功能
广州长鹏光电科技有限公司	理化生智能实验系统	主要是软件生产,对理化生实验操作进行智能识别、综合研判等
上海大风实验室设备有限公司	基于 AI 的物理实验评分系统、仪器	通过设置的顶视摄像头和跟踪摄像头以及最右侧的滑动底座,使跟踪摄像头随着滑动底座的移动同步移动,跟踪摄像头始终对准投影光屏的中心处,实现了对学生实验数据的准确读取,以及对投影光屏上的影像的精准拍照,进而对学生的考试进行精准的评分
广东广视通智慧教育科技有限公司	基于 AI 视觉识别的实验操作考评方法及系统	提供一种基于 AI 视觉识别的实验操作考评方法及系统,利用 AI 和视觉结合,对考生的实验操作进行客观的考评,提升老师的考评效率,也能减少因主观性导致的对实验操作的评分差异
广州海昇计算机科技有限公司	理化生实验智能测评系统	理化生实验考试智能测评系统,是给理化生实验考试和学习准备的一套完整的、简单易用的,集设备、考试、教学于一体的软硬件解决方案,主要由管理平台和考试终端组成。方案支持教、学、考、评、管的全过程互动。考前:信息录入、现场抽签;考中:人脸验证、考试过程录制、在线巡考和智能评分;考后:视频打分、分数复核、成绩查询和成绩分析
上海勋然教育科技有限公司	东方理化生实验操作智考系统	包括标准化智慧考场、智考系统、学科实验教学云平台、学科考试实验箱等软硬件内容。该项目涉及实验设备器材、网络通信技术、平台开发、视频存储、大数据分析、学科教学应用、考场考务及学科评测等

续表

公司名称	产品名称	具体功能
上海领峰实业有限公司	理化生实验室考评系统	智能考评:智能辅助阅卷,提高评分效率。远程监考:实现远程实时监控,确保考试公平性。智能打分:系统自动打分,减少人为误差。全程记录:全程记录考试过程,方便后续分析和评估
四川众森同越科技有限公司	理化生智慧云兼实验考场系统	接收任务、提交任务、自动摄像等功能

(3)实验技能 AI 考核建设标准

虽然市场上出现了众多基于 AI 的理化生智能教考系统,但是相关行业技术标准以及规范建设却较为滞后,目前仅有中国教育装备行业协会发布的《实验操作考评系统技术规范》(T/JYBZ 013—2021)团体行业标准。该标准于 2021 年 7 月 1 日起正式实施,为各地教育局装备实验操作考试系统提供了重要的参考标准和依据,为进一步规范和促进行业的发展提供了标准。然而该标准仅仅规定了相关的考核流程,数据存储、传输、备份方式以及对视频数据的要求,对智能考核评价等部分并没有进行进一步的说明。该标准具体内容参见附录。为了更加有效地落实基于 AI 的实验操作考核与评价标准,全国教育装备标准化技术委员会下发了《关于印发 2024 年行业标准制修订计划的函》(教装标〔2024〕5 号)的通知,分别从《中小学智能化考试系统建设与装备规范》(制定)、《初中理化生实验操作考试指南》(制定)、《中学实验考试系统技术规范》(制定)、《中学实验操作考场建设与装备规范》(制定)以及《中小学理科实验室装备规范》(修订)等 5 个层面出发,提出制定与修订相关的标准,进一步规范行业发展。对于教育装备研发以及经营的相关企业来说,要先了解中小学操作类实验考核的标准,才能开发出相应的软件系统。对于中小学实验教育,教育部教育技术与资源发展中心(中央电化教育馆)发布了明确的实验目录《中小学实验教学基本目录(2023 年版)》,规定了各学段具体科目以及相关的实验目录,相关学科如下:

➤ 小学阶段

小学阶段主要涉及数学、科学、信息科技三个学科的实验教学内容。

➤ 初中阶段

初中阶段主要涉及数学、物理、化学、生物学、地理以及信息科技等六个学科的实验教学内容。

➤ 高中阶段

高中阶段主要涉及数学、物理、化学、生物学、地理、信息科技以及通用技术等七个学科的实验教学内容。

第六节　劳动教育成为教育装备发展的新赛道

1. 劳动教育的本质与内涵

人类最初的学习其实就是从劳动而来。在远古时代，人们的学习就是向年长的族人和长辈学习从事劳动生产的技能。但随着分工的细化，劳动逐步与教育分离，导致现在学校教育中劳动教育缺失。目前，我国中小学校的劳动教育时长还存在很大拓展空间。2019 年 1 月 16 日《人民日报》报道，北京教育科学研究院的一份研究表明，我国中小学生平均每天的劳动时间只有 12 分钟，而美国中小学生平均每天的劳动时间为 72 分钟，韩国为 42 分钟，法国为 30 分钟。

所谓的劳动教育，是指以促进学生形成劳动价值观（即确立正确的劳动观点、积极的劳动态度、热爱劳动和劳动人民等）和养成劳动素养（有一定劳动知识与技能、形成良好的劳动习惯等）为目的的教育活动。有关劳动的定义很多，一些权威工具书的定义如下：

《中国大百科全书》将劳动教育定义为"中国德育内容之一，指使学生树立正确的劳动观点和劳动态度，热爱劳动和劳动人民，养成劳动习惯的教育"，将劳动定义为"人类特有的基本的社会实践活动。人们使用一定工具有目的地改造自然物使之适合于人，并同时使人自身也得到改变的社会活动"。

《中国百科大辞典》：劳动技术教育，全面发展教育的组成部分之一。由劳动教育和技术教育两部分组成。劳动教育是以劳动实践为主，结合进行思想教育。技术教育是使学生掌握一定的生产知识和劳动技能。其实施有利于培养学生的劳动观点、劳动技能和劳动习惯，为普通教育和职业教育打下基础。

《教育大辞典》：劳动教育，劳动、生产、技术和劳动素养方面的教育。

马克思在《资本论》中说："未来教育对所有已满一定年龄的儿童来说，就是生产劳动同智育和体育相结合，它不仅是提高社会生产的一种方法，而且是造就全面发展的人的唯一方法。"同时，马克思还对劳动作了三个重要的界定：劳动是人在外化范围之内的或者作为外化的人的自为的生成；劳动是人的自我创造、自我对象化的运动；劳动是生命活动本身，生产活动本身。与马克思的劳动哲学相类似的还有具身理论。该理论认为，认知不仅仅是大脑抽象的活动，身体是认知的起点，认知基于身体、通过身体，并为了身体。身体的各部分参与认知的全过程，认知的获得与身体活动紧密联系。另外，个体建构主义创始人皮亚杰认为，身体活动既是感知的源泉，又是思维发展的基础。动作成为主客体互相作用的桥梁。

为了有效地促进劳动教育，我国现行阶段以开设劳动教育课为主。劳动教育课程的主要目标是培养学生的核心素养，即劳动素养，主要是指学生在学习劳动与实践过程中逐步形成的适应个人终身发展和社会发展需要的正确价值观、必备品格和关键能力，是劳动课程育人价值的集中体现。劳动素养主要包括劳动观念、劳动能力、劳动习惯和品质、劳动精神四个方面。其实，劳动教育不单单能提升学生的劳动素养，还能在其他方面起到很好的促进作用，如表 3-6 所示。

表 3-6　劳动教育的功能

素养	具体内容
劳动素养	通过体现时代特征和社会发展需要的劳动与技术基础知识、基本技能、基本思想、基本态度的学习和经验积累，增强劳动感受，体会劳动的艰辛，分享劳动的喜悦，掌握劳动技能，养成劳动习惯
物化能力	经历技术设计的全过程，形成一定的方案构思、图样表达、工艺选择及物化能力
技术意识	形成对技术的亲近感、敏锐性、理性精神、责任意识，以及对技术的文化感悟，以更具道德、更为科学、更负责任的方式使用技术和参与技术活动，体验技术问题解决过程的艰巨性和复杂性，养成实事求是、严谨细致、精益求精、追求卓越的工作态度与工匠精神，形成技术意识、规范意识、质量意识、经济意识、环保意识、伦理意识、职业意识
工程思维	能够领悟基本的技术思想，形成初步的工程思维和系统思维，发展创造性思维，养成用技术解决实际问题的良好习惯
设计创新	在熟悉劳动技术、工具、技艺等基础之上，设计简单的产品、模型；能根据生活实际，有选择性地对技术、技艺、工艺等进行创新

劳动教育要以身体作为逻辑起点，使学生通过完整的身体参与，经历一系列的身体活动，身心得到一定的发展。劳动是形塑身体的文化场，劳动教育对人的身心发展具有重要价值。

2. 我国劳动教育的发展历史

我国学校劳动教育起步较晚，在 19 世纪初才开始逐步实施。具体发展历程如下。

1932 年和 1942 年的《小学劳作科课程标准》。

1936 年和 1948 年的《小学中高年级劳作课程标准》。

1952 年，教育部颁布的《小学暂行规程（草案）》规定：劳作在各科教学的实验、实习中和课外另定时间教学，不列于教学科目内。

1955 年 9 月颁布的《小学教学计划》新增"手工劳动"课，标志着劳动教育正式进入学校课程体系。

1978 年 1 月，教育部颁布《全日制十年制中小学教学计划（试行草案）》，规定小学四年级以上开展"兼学"课，"兼学"即学农、学工，中学阶段设"兼学"课和"农业基础知识"课,主要讲授作物栽培和动物饲养的基础知识,初中学生每年6周左右,高中学生每年约8周。

1981年教育部颁布的《关于制订全日制六年制重点中学教学计划试行草案的几点说明》首次提出:"中学阶段开设劳动技术课,进行劳动技术教育,使学生既能动脑,又能动手,手脑并用,全面发展。"劳动技术教育包括工农业生产、服务性劳动的一些基本技术和职业技术教育以及公益劳动等。

2001年5月,国务院颁布的《关于基础教育改革与发展的决定》提出:"教育必须与生产劳动和社会实践相结合。"6月,教育部印发的《基础教育课程改革纲要(试行)》规定:小学至高中设置综合实践活动课并作为必修课,综合实践活动课包括:信息技术教育、研究性学习、社区服务与社会实践以及劳动与技术教育。自此,中小学劳动教育开始进入综合实践活动课程体系的转型时期,这客观上削弱了劳动课程的地位。

党的十八大以后,为贯彻习近平总书记对劳动教育的重要指示,解决"劳动教育在学校中被弱化,在家庭中被软化,在社会中被淡化"的问题,各部门又出台了一系列文件。

2015年,教育部、共青团中央、全国少工委联合颁发了《关于加强中小学劳动教育的意见》,提出要"以提高广大中小学生的劳动素养为主要目标,坚持思想引领、有机融合、实际体验和适当适度的基本原则,将落实相关课程、开展校内劳动、组织校外劳动及鼓励家务劳动作为劳动教育的关键环节,在保障机制上提出要加强统筹协调、师资建设、资源开发和督导评价"。

2015年12月,《全国人民代表大会常务委员会关于修改〈中华人民共和国教育法〉的决定》中明确提出:"教育必须与生产劳动与社会实践相结合。"以权威的方式再次强调了"教劳结合"。

2016年9月,《中国学生发展核心素养》将劳动意识作为学生社会参与的重要素养。劳动意识的内涵是:尊重劳动,具有积极的劳动态度和良好的劳动习惯;具有动手操作能力,掌握一定的劳动技能。

2017年9月,中共中央办公厅、国务院办公厅印发《关于深化教育体制机制改革的意见》。随后,教育部发布《中小学综合实践活动课程指导纲要》指出,要引导学生践行知行合一,积极动手实践和解决实际问题。在制度上规定了劳动教育应更加注重理论与实践结合、体力与脑力结合。

2018年在全国教育大会上,习近平总书记明确提出,要努力构建德智体美劳全面培养的教育体系,形成更高水平的人才培养体系。

2019年6月23日,《中共中央　国务院关于深化教育教学改革全面提高义务教育质量的意见》出台,明确将劳动教育纳入育人体系,以培养德智体美劳全面发展的社会主义建设者和接班人。

　　2019 年 11 月 26 日，中央全面深化改革委员会第十一次会议审议通过了《关于全面加强新时代大中小学劳动教育的意见》。会议强调，劳动教育是中国特色社会主义教育制度的重要内容，要把劳动教育纳入人才培养全过程，贯通大中小学各学段。

　　2020 年 5 月 11 日，教育部印发普通高中课程方案和语文等学科课程标准（2017 年版 2020 年修订），对劳动教育提出具体的规定。

　　2020 年 7 月 7 日，教育部印发《大中小学劳动教育指导纲要（试行）》，分阶段（小学、初中、高中、大学）进行劳动教育，劳动课程的重要性开始逐步凸显，相关的阶段以及具体的培养能力如表 3-7 所示。

表 3-7　大中小学劳动教育培养能力纲要

序号	阶段	学段	学习内容	学习目的	培养能力摘要
1	小学	低年级	完成个人物品整理、清洗，进行简单的家庭清扫和垃圾分类等	树立自己的事情自己做的意识，提高生活自理能力	培养独立意识
2			参与适当的班级集体劳动，主动维护教室内外环境卫生等	培养集体荣誉感	集体荣誉感
3			进行简单手工制作，照顾身边的动植物	关爱生命，热爱自然	培养观察能力
4		中高年级	参与家居清洁、收纳整理，制作简单的家常餐等，每年学会 1—2 项生活技能	增强生活自理能力和勤俭节约意识，培养家庭责任感	提高自理能力；培养勤俭节约意识；培养责任感
5			参加校园卫生保洁、垃圾分类处理、绿化美化等，适当参加社区环保、公共卫生等力所能及的公益劳动	增强公共服务意识	提高公共服务意识
6			初步体验种植、养殖、手工制作等简单的生产劳动	初步学会与他人合作劳动，懂得生活用品、食品来之不易，珍惜劳动成果	
7	初中		承担一定的家庭日常清洁、烹饪、家居美化等劳动	进一步培养生活自理能力和习惯，增强家庭责任意识	培养生活自理能力和习惯，增强家庭责任意识
8			定期开展校园包干区域保洁和美化，以及助残、敬老、扶弱等服务性劳动	初步形成对学校、社区负责任的态度和社会公德意识	养成公共服务意识
9			适当体验包括金工、木工、电工、陶艺、布艺等项目在内的劳动及传统工艺制作过程，尝试家用器具、家具、电器的简单修理，参与种植、养殖等生产活动，学习相关技术	获得初步的职业体验，形成初步的生涯规划意识	

序号	阶段	学段	学习内容	学习目的	培养能力摘要
10		普通高中	持续开展日常生活劳动	增强生活自理能力,固化良好劳动习惯	养成良好的劳动习惯
11			1.选择服务性岗位,经历真实的岗位工作过程 2.积极参加大型赛事、社区建设、环境保护等公益活动、志愿服务	1.获得真切的职业体验,培养职业兴趣 2.强化社会责任意识和奉献精神	培养职业兴趣,社会责任意识和奉献精神
12			统筹劳动教育与通用技术课程相关内容,从工业、农业、现代服务业以及中华优秀传统文化特色项目中,自主选择1—2项生产劳动,经历完整的实践过程	提高创意物化能力,养成吃苦耐劳、精益求精的品质,增强生涯规划的意识和能力	提高创意物化能力(创新能力)
13		职业院校	持续开展日常生活劳动,自我管理生活	提高劳动自立自强的意识和能力	
14			定期开展校内外公益服务性劳动,做好校园环境秩序维护,运用专业技能为社会、为他人提供相关公益服务	培育社会公德,厚植爱国爱民的情怀	
15			依托实习实训,参与真实的生产劳动和服务性劳动	增强职业认同感和劳动自豪感,提升创意物化能力,培育不断探索、精益求精、追求卓越的工匠精神和爱岗敬业的劳动态度,坚信"三百六十行,行行出状元",体会劳动不分贵贱,任何职业都很光荣,都能出彩	
16		普通高等学校	掌握通用劳动科学知识,深刻理解马克思主义劳动观和社会主义劳动关系	树立正确的择业就业创业观,具有到艰苦地区和行业工作的奋斗精神	
17			巩固良好日常生活劳动习惯,自觉做好宿舍卫生保洁,独立处理个人生活事务,积极参加勤工助学活动	提高劳动自立自强能力	
18			强化服务性劳动,自觉参与教室、食堂、校园场所的卫生保洁、绿化美化和管理服务等,结合"三支一扶"、大学生志愿服务西部计划、"青年红色筑梦之旅"、"三下乡"等社会实践活动开展服务性劳动	强化公共服务意识和面对重大疫情、灾害等危机主动作为的奉献精神	
19			重视生产劳动锻炼,积极参加实习实训、专业服务和创新创业活动,重视新知识、新技术、新工艺、新方法的运用	提高在生产实践中发现问题和创造性解决问题的能力,在动手实践的过程中创造有价值的物化劳动成果	

2022年4月，教育部印发《义务教育劳动课程标准（2022年版）》，劳动课从"综合实践活动课程"中独立出来，升级为义务教育阶段必修课程。

2022年5月，教育部批准中国劳动关系学院开设劳动教育本科专业，该专业在全国各个高校中首次设立。

3.劳动教育装备的发展

目前国内劳动教育装备的应用主要有两种形式，即专用教室以及综合实践活动。

（1）以专用教室的形式开展

不同学段的学生，所配备的专用教室也各不相同，主要以纸艺、布艺、陶艺、木工、水工、金工、电工、水工、烹饪、厨卫打扫、种植、养殖、栽培等基本田园劳作为主。其中，小学以纸艺、布艺、陶艺、木工、厨卫打扫、种植、养殖以及栽培等基本田园劳作为主；初中高中则以木工、水工、金工、电工、水工以及烹饪等为主。小学阶段的劳动课程是目前义务教育阶段颇具特色的课程，其相关内容如表3-8所示。

表3-8 劳动教育的主要内容

项目	具体内容
领域	纸艺、布艺、陶艺、木工、水工、金工、电工、水工、烹饪、厨卫打扫、种植、养殖、栽培等基本田园劳作
核心内容	1.纸艺（折纸、剪纸、刻纸、纸盒包装）： 能进行折纸；能利用工具进行剪纸；能利用工具进行刻纸 2.布艺（缝纫、编织、刺绣）： 能进行简单缝纫；能利用工具进行简单编织；能利用工具进行简单刺绣
1—2年级	1.手、眼、脑协调能力 2.熟悉折纸的基本规则 3.熟悉缝纫、编织以及刺绣的基本工具 4.体会布艺制作的工艺，体会劳动过程 5.观摩田园劳作 6.能进行简单养殖、栽培操作
3—4年级	1.能折小动物造型，能进行简单剪纸，能进行简单纸盒包装 2.能进行简单玩偶的缝制 3.熟悉缝纫机等工具的使用技术 4.熟悉编织的基本技艺 5.了解刺绣的基本过程，能在自己穿的衣物上进行简单的刺绣等 6.能进行简单烹饪、厨工、卫打扫 7.熟悉基本的水工、电工、金工、木工工具的使用

项目	具体内容
5—6 年级	1. 能进行复杂的纸艺造型,设计立体折纸造型 2. 能进行简单玩偶衣服的缝制 3. 能自己设计字体进行刻纸 4. 能设计简单服饰并进行制作 5. 能设计图案并进行刺绣 6. 能进行简单的木工制作 7. 能进行相对复杂的烹饪 8. 进行田园劳作,熟悉种植、栽培等田园基本劳作技能

　　劳动教育作为一门实践性较强的课程,其教育装备配备也较为复杂,占用的空间也较大,不同的学校可以根据实际情况进行有选择性的配置。例如,浙江省教育技术中心就发布了《浙江省义务教育阶段木工劳动实践室装备规范(试行)》《浙江省初中金工劳动实践室装备规范(试行)》《浙江省普通高中电工劳动实践室装备规范(试行)》以及《浙江省普通高中电工劳动实践室装备规范(试行)》等标准。但不同地区的实践室配备都大同小异,具体如表 3-9 所示。

表 3-9

序号	名称	规格型号
1	陶工——制作与设计	
1.1	拉坯机	Potfan11B。额定电压:AC220V。额定功率:0.45KW。托盘转速:0—300r/min,自动调速,带有漏电保护装置。托盘直径:30cm,用于拉制各种陶坯
1.2	电窑	Potfan21A。额定电压:AC220V。额定电流:17A、额定功率:3740W。室内容积 0.06 立方米,最高温度 1160 摄氏度,用于烧制生坯或釉坯
1.3	烘干机	Potfan61A。额定电压:AC220V。额定功率:1.2KW。外形尺寸:900mm×600mm×600mm。工作温度:0—100℃,用来烘干陶艺作品
1.4	转台	Potfan51A,直径 D＝295mm,d＝250mm,高 h＝170mm,用于盘制泥条、泥塑
1.5	陶工工具	碾棍(Φ50mm×600mm、Φ45mm×500mm、Φ35mm×400mm3 种规格各 1 根)、拍板(160×120×10mm、120×120×10mm、100×120×10mm3 种规格各 1 个)、陶艺组合工具 1 套(刮刀 1 把、刮板 1 个、环形刀 2 把、泥塑刀 1 把、吸水棉 1 块、型板 1 块、陶针 1 个)、木条 3 套
2	木工——制作与设计	
2.1	木工工作台	规格:1600mm×800mm×750mm。桌面:优质实木。支架:金属支架。适用于 4 人

续表

序号	名称	规格型号
2.2	木工工具	木工锯1把、木锉1把、手摇钻1台、盒尺1件、U形线锯1把、线锯条10根、小光刨子1把、木工锤1把、砂纸5张、墨斗1件、壁纸刀1把、扁铲1把、凿子1把、斧子1把、角尺1把、鸟刨1件、油石1块
2.3	台虎钳	规格:60mm
3	金工——制作与设计	
3.1	金工工作台	规格:1600mm×800mm×750mm。桌面:优质实木,1.2mm不锈钢板包面。支架:金属支架。适用于4人
3.2	金工工具	螺丝刀(一字、十字各1把)、小号榔头1把、钢丝钳1把、尖嘴钳1把、凿子1把、金属剪1把、钢板尺1把、小台钳1台、钢锯1把、钢锯条3根、铁砧子1件、钢锉1把、三角锉1把、什锦锉1套
3.3	游标卡尺	150mm,0.1mm
3.4	简易平台	规格:1200mm×800mm×800mm。台面:优质实木,1.2mm不锈钢包面。支架:金属支架。适用于4人
3.5	台虎钳	旋转式,125mm,钳身和钳座为铸铁,调节螺杆和钳口夹铁为优质合金钢;钳身在钳座上可以360°旋转,螺杆调节灵活,手感良好,外观符合JY0001-2003的有关规定
3.6	车床	小型
3.7	台钻	最大钻孔直径13mm
3.8	砂轮机	使用电源:AC220V 50HZ。电机功率:300W。砂轮直径:125mm
4	电子制作、电子控制技术	
4.1	电子控制工具	万用表1块、锥子1把、电烙铁1件、焊锡膏1瓶、剥线钳1把、偏口钳1把、什锦锉1套、焊丝1件、测电笔1支、镊子1把、一字和十字螺丝刀各1把、烙铁架1件
4.2	电子操作台	板式结构,与地面接触部分装5mm垫脚,桌面尺寸为1200mm×800mm,高度为750mm,含0—6V可调低压电源
5	种植技术	
5.1	小型种植工具	美工刀1把、枝剪1把、3m卷尺1件、手工园林锯1把、园林大三件套(锹、耙)3套、园林小三件套(锹、耙)3套、草坪剪1把、剪刀1把、扎绳1捆、喷嘴(带接头)3件
5.2	种植工具	喷壶1个、水桶1个、叉子1把、尖锹1把、锄头1把、镐1把、藤条筐1个
5.3	喷壶	小号塑制260mL,大号塑制500mL
5.4	筛子	大筛子400mm×400mm、小筛子300mm×300mm各1个。材质:边框选用优质木材、筛底为铁丝网。目数:5mm×5mm
5.5	喷雾器	大号手持式、塑制

序号	名称	规格型号
5.6	花盆	塑制,内直径 190mm
5.7	无土栽培盆	2 类,玻璃制品,鱼缸形、圆柱形
5.8	盆景制作用具	修枝剪刀 1 把、嫁接刀 1 把、盆景制作专用刻刀 1 套、手锯 1 把、多功能小锤 1 把、木锉 1 把、锯条 2 个、刮刀 1 把
5.9	育种育苗箱	529mm×340mm×70mm,塑制,有渗水功能
5.10	育种盆(穴盘)	50 眼,塑制,有渗水功能
6	养殖技术	
6.1	饲养用具	开食盘 1 个、饮水箱 1 个、食料箱 1 个、家畜(禽)饮水嘴 5 个、圈养网 1 张、折叠笼 1 个、全自动饮水器 1 个、取料勺 1 把、水管 1 根、食槽 1 个、PVC 水管 1 根,共 15 件
6.2	防治疫病用具	剪刀 1 把、止血钳 1 把、耳号钳 1 把、镊子 1 把、投药器 1 个、滴药瓶 2 个、注射器 1 个、针头 1 盒、软针头 1 个、连续注射器 1 把、体温计 1 支、软管 1 根、针头 1 个,共 14 件
6.3	鱼类养殖箱	塑制,小型
6.4	鱼类养殖用具	水族温度计 1 支、悬浮式磁力刷 2 把、增氧泵 1 套、捞鱼网 1 把、抄子 1 把、手动换水器 1 套、刷子 2 把、手吸 1 套
6.5	加氧机	排气量:2500—3000cc/秒。压力:0.1kg/m^2。电压:220—240V。电流:0.02—0.04A。气压:0.018MPa,噪声:<50dB
7	器械维修技术	
7.1	自行车零配件	飞轮 1 个、闸线 2 个、前轴 1 个、中轴 1 个、后轴 1 个、车铃 1 个、轴条 4 根、拉簧 2 个、闸扳手 1 对、大腿串销 1 对、大腿 1 付、后拉轿 1 付、前后轴挡 2 个、前叉子档 1 付、车胎气门 1 套、备用螺丝平垫 10 件、车胎 1 条、轴碗 2 支、4mm 珠子 1 袋、6mm 珠子 1 袋、闸皮 2 个、脚蹬子 1 付
7.2	自行车	26 寸
7.3	自行车维修工具	花扳手 1 把、辐条扳手 1 把、开口扳手 2 把、小台钳 1 个、锤子 1 把、冷补胶 2 块、活扳手 1 把、扒胎器 1 个、补胎锉 1 个、改锥 2 个、克丝钳 1 把
7.4	通用水暖器材	角阀 1 个、闸板阀 1 个、膨胀管卡 1 个、活接丝 1 个、外丝 1 个、补芯 1 个、三通 2 个、弯头 3 个、丝堵 1 个、四通 1 个、管古 2 个、排气阀 1 个、水咀 2 个、球阀 2 个、直闭阀 2 个、角阀 1 个、喷头 1 个、软管 1 个、生料带 1 盒、下水配件 9 件
7.5	水暖维修工具	大管钳 1 把、小管钳 1 把、盒尺 1 件、切管刀 1 把、管子绞板 1 套、板牙 3 件、活动扳手 1 个、锤子 1 把
8	服装缝纫及其设计	
8.1	缝纫机	电动

序号	名称	规格型号
8.2	锁边机	电动
8.3	缝纫机维修工具	缝纫机皮带1条，针板1个，针板螺丝2条，仔子、压板2套，针杆1根，摆梭1个，螺丝刀4把，尖嘴钳1把，油壶1个，皮轮2个，六棱扳手1把，梭子、梭皮2套
8.4	裁剪工具	8—10号剪刀各1把，软尺1件，米尺1把，缝纫针（大中小）1套、画粉1盒、针线筐1个
8.5	裁剪工作台	桌面1m×2m，实木，腿用钢管喷塑
8.6	人体模特	塑制
8.7	服装设计软件	光盘
9	烹饪技术	
9.1	炊具	炒勺1个、面板1个、面杖1个、蒸锅（不锈钢）1个、面盆1个、洗菜盆1个、锅刷1件、漏勺2件、锅铲1件、勺子2件
9.2	炉具	电磁炉1个、灶台1个、小煤气罐1个
9.3	餐具	碗10件、盘10件、碟子6件、汤勺2件、餐刀1把、筷子1套、盆1件、餐叉2把、餐勺2把
9.4	电冰箱	180L
9.5	消毒柜	消毒、烘干、保洁、存储一柜多用，层架多，取用方便
10	家用电工技术	
10.1	电能表	
10.2	数字多用电表	
10.3	漏电保护器	1A
10.4	照明电路线路板	电路板、开关、日光灯及零配件
10.5	电工工具箱	0.25K羊角锤1把，活扳手1把，尖嘴钳1把，斜口钳1把，4—13mm 1/4套筒12件，弹套1件，1/4棘轮扳手1把，内六角扳手8把，6mm×100mm螺丝批2件，3mm×75mm螺丝批2件，螺批头旋具1件，螺批头子10件，压线钳1把，3m卷尺1件，电笔1支，电烙铁1件，吸锡泵1件，焊锡丝1根，电脑刷1把，万用表1个，胶布1卷

（2）以综合实践活动的形式开展

劳动教育作为一项综合性教育课程，其教育资源主要来源于家庭、学校和社会这三个维度。家庭、学校和社会各自拥有独特的育人功能和资源优势，应该加以充分利用。同时，劳动教室的建设需要大量的资金，这使得一些教育资源、资金匮乏的学校需要采用另外一种形式开展劳动教育，即综合实践活动。综合实践活动就是家庭与社会劳动资源的集中呈现。例如，教育部印发的《中小学生综合实践课程指导纲要》就对综合实践类课程进行了较为详细的说明。再如,浙江省出台了系列综合实践基地建设标准:《浙江省综合实践基地烘焙教室装备指导意见》《浙江省综合实践基地生态木艺教室教育装备指导意见》《浙江省综合实践基地智能农业温室装备指导意见》以及《浙江省综合实践基地消防体验厅装备指导意见》。

随着人们生活水平的提升,一些传统的劳动教育方式已经与现代城市生活渐行渐远,这使得一些城市义务教育学校在开展劳动教育方面往往脱离实践基础。为此,将"传统劳动方式"和"现代劳动形态"相结合,构建"五位一体"农场课程体系成为城市义务教育阶段开展劳动教育的新形式。

4. 基于非遗的劳动教育装备

传统的劳动实践往往与体力劳动或者直接生产有关,学生对这方面往往不感兴趣,甚至非常厌恶,这是目前高度城市化后义务教育所面临的通病,非常不利于学生素质的提升。而非物质文化遗产作为传统文化的体现,是先辈们劳动的智慧,非常具有特色和吸引力。学生学习非遗文化,不仅是学习文化知识,更是学习前辈们的劳动智慧。

非物质文化遗产,简称"非遗",与物质文化遗产相对。在中国,非物质文化遗产是指各族人民世代相传,并视为文化遗产组成部分的各种传统文化表现形式,以及与传统文化表现形式相关的实物和场所。我国非物质文化遗产很多,代表性项目名录十大门类分别为:民间文学、传统音乐、传统舞蹈、传统戏剧、曲艺、传统体育、游艺与杂技、传统美术、传统技艺、传统医药、民俗。其中,传统技艺以及民间风俗与当下劳动教育结合较为紧密。

传统技艺是指一门有着悠久文化历史背景的技术、技能,必须经过深入的研究学习才能掌握。每一门传统技艺都烙着民族的印记,如珠绣、唐卡艺术、剪纸、年画、刺绣、陶艺、皮影、变脸、木雕等,这些都可以引入劳动教育课堂。

民间风俗,指一个国家或民族的广大民众所创造、享用和传承的生活文化。包括信仰习俗、传统节日、服饰习俗、饮食习俗、居住习俗等,如春节、端午节、潮州工夫茶、彝族火把节、傣族泼水节等。其中一些美食以及一些传统节日活动中的必需品都是劳动教育课程的重要素材。

将非遗文化与劳动课程相结合,推动劳动教育的常态化,既是对非遗文化的最好传承,又是培养学生核心素养的重要手段,更是新时代劳动教育与传统技艺实现"传承—融合—共生"的有效途径。

在劳动教育方面,笔者所在团队进行了系列研究,开发了系列产品,并配备了相关的教材,如表 3-10 所示。

表 3-10　劳动教育系列教材

序号	书名	作者	出版单位	出版时间
1	非遗手工文化体验教程　木工	殷常鸿,张义兵	济南出版社	2022 年 12 月
2	非遗手工文化体验教程　布艺	殷常鸿,张义兵	济南出版社	2022 年 12 月
3	非遗手工文化体验教程　面塑	殷常鸿,张义兵	济南出版社	2022 年 12 月
4	非遗手工文化体验教程　编织	殷常鸿,张义兵	济南出版社	2022 年 12 月
5	非遗手工文化体验教程　纸艺	殷常鸿,张义兵	济南出版社	2022 年 12 月
6	非遗手工文化体验教程　综合	殷常鸿,张义兵	济南出版社	2022 年 12 月

第七节　能力发展成为幼教装备企业生产的新追求

1. 幼教装备的发展历史

玩具是幼教装备的主要体现形式。所谓玩具,泛指一切可用来玩的物品,既可以是自然物体(如沙子、石块、树枝、泥巴等非人工制作的对象),也可以是传统意义上人工制造出来可以供人类玩耍的物品(如玩偶、积木以及益智类的象棋、围棋等),甚至还可以包括广义上的可以玩的、看的、听的和触摸的东西(如计算机游戏等)。玩具的历史源远流长,自史前时期就已存在,并伴随着人类文明的进步而发展。但随着科技的进步,玩具的本质与内涵得到了极大扩充,玩具的范围以及应用领域也得到了极大拓展,玩具一词逐步被幼教装备一词所替代。基于此,理论界逐步采用幼教装备来取代玩具一词。不同的学者对于玩具(幼教装备)的起源有不同的认识,目前主流的说法有 4 种,如表 3-11所示:

表 3-11　玩具(幼教装备)的起源

起源	表现形式	功能与意义
生产工具说	微型的生产工具,如石球、石凳等	帮助儿童在游戏中练习、掌握使用工具的基本技能,如身体协调性和控制能力等
宗教祭祀用品说	宗教祭祀用品,如人偶等	作为想象和幻想的载体
民俗说	文化的载体,如风车、糖人等	出于某种信仰或者为了维护共同的利益和必要的生产与生活秩序,由广大民众在某种自然条件或社会环境中经过长时期创造、沿袭、享用和传承的
民间传说	一些神话故事人物形象等,如十二生肖木偶、大阿福	寄寓人民祈福辟邪的期盼和愿望

　　玩具(幼教装备)理论随着幼儿教育理论的发展而逐步系统化、科学化,并在幼儿教育实践中逐步发展与完善。近代幼儿教育产生于18世纪末19世纪初的欧洲工业大革命期间,是为解决劳动力匮乏的困境而出现的。1771年,法国牧师奥贝兰在孚日创办了世界上最早的幼儿学校。1809年,英国空想社会主义者罗伯特·欧文在苏格兰的新拉纳克创办了一所招收2—6岁工人子女的幼儿园(后改名为"性格形成学园")。1823年,德国教育家福禄贝尔在其著作《人性教育》中指出:"幼儿教育乃是由幼儿游戏中来辅导。玩耍、游戏是这时期之发展中的最高阶段。"1837年,福禄贝尔创办了世界上第一所称为"幼儿园"的学前教育机构。自此以后,幼儿教育逐步发展壮大起来,随之而来的是教玩具的教育实践也逐步理论化和科学化。尤其是意大利教育家玛利娅·蒙台梭利的教学理论,系统地论述了教具的作用,即孩子是靠感官来学习的,提供给他的良好刺激越多,就越能激发他的内在潜能。因此,一个适合孩子的生长环境,应该是能提供丰富的教具(包括自然的、人文的),以诱发其自我学习的乐趣的场所。基于此,蒙台梭利开发了一系列教具(简称蒙氏教具),依据荷兰宁惠斯公司的记录,蒙氏教具发展至今已有300多种,其中包括一些由后人根据蒙台梭利的教育精神而开发与生产的教具。蒙氏教具理论的产生,很大程度上是受"生理教育法"的影响。19世纪初,训练具有心理缺陷的儿童的代表人物塞根,主张对特殊儿童使用感观教育的方式进行训练,以发挥他们的各项生理功能,促进智力和生理的发展,这为蒙氏教具的产生提供了理论与实践基础。

　　蒙氏教具涵盖范围广泛,包含感官教育教具、数学教育教具、语言教育教具、科学文化教育教具以及日常生活教育教具等五大领域。蒙氏教具最大的特点在于依据孩子的年龄,设计出适合孩子心理发展阶段性特征的教具,让孩子通过自主的操作,进而积累大量的感官经验和理解一些数理知识。蒙氏教具不仅能供给幼儿"工作"时所用的"材料",还兼具增进智力和改善性格的功能,是让孩子进行"自我教育"和"自我启发"的媒介物,而非纯供游戏之用的玩具。其价值在于:对儿童来说,虽然教具是直观的,但是它以井然有序的方法帮助儿童认识外界的秩序,并向儿童展示外部世界的本质,是让儿童认识宇宙、了解真理的关键。换言之,为了使发展方向尚未稳定的每名儿童充分发挥其能力,并尽可能开发出他们潜藏的人格特性,必须有特定的教具。

　　自学校教育发展起来后,教具就备受研究者和家长们重视。1899年,美国建立了世界上第一座儿童博物馆——布鲁克林儿童博物馆,该博物馆是1823年建立的布鲁克林科学艺术馆的一部分,旨在让儿童通过亲身体验、亲自动手,更好地了解世界。1924年,美国的约翰·N·凯瑞夫人受布鲁克林儿童博物馆的影响,于1925年正式建立了印第安纳波利斯儿童博物馆,让博物馆现已发展成为世界上最大的儿童博物馆。

　　我国近代幼儿教育机构始创于清光绪二十九年(1903年),设于湖北武昌,名为蒙养院，1922年改名为幼稚园。自此以后，以蒙台梭利为代表的幼教理论逐步在中国传播开来，该理论至今仍然对幼儿园教学以及教具的应用发挥着重要的指导作用。

2. 幼教装备与儿童能力

玩具（幼教装备）在儿童的成长与发展过程中扮演着极其重要的角色，其本质功能在于寓教于乐，是实现儿童教育的重要工具，也是促进儿童认知和智力发展的重要工具。随着科学技术的发展以及人类文明的进步，玩具也从原本基础的劳作训练、消遣、娱乐、能力训练等发展到人文关怀、情感培养、认知发展等更深层次的领域，起到了心理调节、娱乐大众、协调社会、益智、教育、陪伴等重要作用。因此，玩具（幼教装备）的开发必须充分考虑儿童成长的发展阶段与过程，其设计理念必须以儿童的能力发展为依托，才能实现提升儿童认知能力与自身发展的目的。

儿童发展有其客观规律，不同年龄阶段儿童发展的表现形式也不同。儿童发展阶段的划分在不同国家、不同时代以及不同研究者中都会有所不同。心理学家让·皮亚杰认为儿童游戏的发生和发展反映了儿童认知发展水平的变化，并根据儿童游戏的类型把儿童认知发展分为三个阶段，具体的对应关系如表3-12所示。

表3-12　儿童认知发展阶段与游戏类型的关系

年龄	认知发展阶段	游戏类型
0—2岁	感知运动时期	练习性游戏
3—7岁	前运算时期	象征性游戏（结构游戏）
8—12岁	具体运算时期	规则游戏

通过上表可以看出，在不同的年龄阶段，儿童的游戏类型与认知发展阶段是不同的，幼教装备企业应该针对不同阶段的儿童开发出满足不同游戏类型的产品。但每一款幼教装备产品应发展儿童的什么能力则是目前众多商家未能深入思考和探索的，这致使一些商家在宣传产品特性的时候要么停留在产品的品质（环保、健康以及耐用等）上，要么就是强调产品的样式（如颜色、特点等），缺少对产品教育功能的具体阐释。究其原因，主要是国内大部分幼教装备企业所开发产品都是模仿国外大公司的，或者仅是对传统玩具的翻新，从而表现出创意不足、教育设计理念匮乏、难以吸引新一代儿童家长的兴趣与购买欲望等问题。

儿童的发展是多方面的，不仅包括运动协调能力，还包括认知发展能力等多个维度。美国心理学家霍华德·加德纳，经过多年对儿童智力理论和智能发展的研究与实践，于1983年出版了《智能的结构》一书，正式给出"智能"的定义，并初步判断出每个正常人所具有的7种基本智能。所谓智能，是指"在一种或多种文化背景下解决问题或创造有价值产品的能力"。1999年,他修改了自己的定义,将智能定义为"一种生物和心理潜能,可以处理在文化环境中所激活的信息,以解决问题或创造在文化中有价值的产品"。随着研究的不断深入,加德纳发现,儿童的智能不是固定不变的,而是随着社会条件的变化而有所波动,即智能是一种潜力,可能是神经性的,其激活状态具有不确定性,既可能因适宜的条件而被激活,亦存在不会被激活的可能性。这取决于文化的价值观、文化中的机会以及个人及其家庭、教师和社会其他成员作出的个人决定。基于此,加德纳后期又完善了该理论,将7种智能拓展为8种智能,并系统地解释了决定各种智能的科学依据,形成了著名的"多元智能理论",相关内容如表3-13所示:

表 3-13　智能的类型及内涵

类型	内涵或特征	发展目标
语言智能	用文字思考,用语言描述事件、表达思想和与他人交流的能力	律师、演讲者、作家、教师
逻辑—数学智能	对逻辑结构关系的理解、推理能力,以及量化和进行数学运算的能力	科学家、数学家、逻辑学家
空间智能	对色彩、形状、空间位置等要素的准确感受和表达能力,让人有能力以三维空间的方式来思考,解读三维图形的信息	航海师、飞行员、雕塑家、棋手、平面艺术家、建筑师
身体—动觉智能	人巧妙地调控身体和操作客体的能力、用身体表达思想感情的能力、动手能力,以及通过身体动觉编码促进记忆的能力	舞者、演员、运动员、外科医生、机械师、工匠
音乐智能	感受、辨别、记忆、表达音乐的能力,对音高、音调、节奏、音色和旋律的感知能力,以及通过音乐和歌曲,感知、表达思想感情的能力	作曲家、指挥家、乐器演奏家
内省智能	个体自我觉知的能力、洞察和反省自己情感情绪的能力以及有意识地运用这些信息去调控自己的情绪、引导自己人生的能力	有详细、准确的自我认知的人
人际交往智能	对他人表情、语气的感知能力,善解人意、"感人之所感"和"知人之所感"的能力,在与人交往中善于调控自己和他人的情绪、与人合作的能力	销售人员、教师、临床医生、政治家、演员
自然观察智能	善于观察自然界中的各种形态,对物体进行辩论和分类的能力;有着强烈的好奇心和求知欲,有着敏锐的观察能力	农民、植物学家、地质学家、考古学家

与蒙台梭利的教育理念类似,加德纳也认为人类的发展是遗传因素和环境因素持续相互作用的结果,孩子的思维受环境的影响并反作用于环境,两者相辅相成。通过对比两者的理论,也可以证明这一点,如表3-14所示:

表 3-14　蒙台梭利课程与加德纳智能理论的关系

蒙台梭利课程			多元智能理论		
区域/锻炼	智能	区域/锻炼	核心运作	智能	核心运作
生活训练： 浇水 扣纽扣 扫地	身体—动觉智能 空间智能	处理对象 心理想象	自然： 种植花草	身体—动觉智能 空间智能 逻辑—数学智能 自然观察智能 人际交往智能	肢体动作 处理对象 心理想象 图式 认可 分类 意识到他人的愿望
触觉：几何实体	身体—动觉智能 空间智能 逻辑—数学智能	处理对象 心理想象 关系 分类 语义	在课堂上关爱动物	自然观察智能 身体—动觉智能 语言智能 视觉—空间智能 自然观察智能	分类 处理对象 语义
视觉： 带插座圆柱体 （2—3岁儿童）	身体—动觉智能 空间智能 逻辑—数学 语言智能 人际交往智能	处理对象 心理想象 关系 语义 意识到他人的意图	社会学习： 水陆形式	身体—动觉智能 语言智能 空间智能	心理想象 认可 分类 处理对象 语义
听觉： 一套铃铛 （2—3岁儿童）	音乐智能 人际交往智能	Pitch（音高） 意识到他人的意图	谜题地图	身体—动觉智能 自然观察智能 语言智能	心理想象 自我意识 处理对象 分类 语义
味觉：气味箱	自然观察者智能	认可 分类	体能： 齐步走 跳远	身体—动觉智能 音乐智能 身体—动觉智能 逻辑—数学智能 空间智能	控制运动节奏 运动控制量 心理想象
砂纸数字 可移动字母表	身体—动觉智能 空间智能 语言智能	处理对象 心理想象 语音			
有文字的物体 （2—3岁儿童）	身体—动觉智能 语言智能 人际交往智能	处理对象 心理想象 语音 语义 意识到他人的 愿望和意图	美术： 粘上建筑 自由绘画	身体—动觉智能 空间智能	处理对象 心理想象 思维转变
砂纸数字	身体—动觉智能 空间智能 自然观察智能	处理对象 心理想象 认可	音乐： 一套铃铛	音乐智能 身体—动觉智能	音高 处理对象
数棒	身体—动觉智能 空间智能 逻辑—数学智能	处理对象 心理想象 关系			
黄金珠链	身体—动觉智能 空间智能 逻辑—数学智能	处理对象 心理想象 数字关系 计算 分类	唱歌	音乐智能	音调节奏

3. STEM 装备能力评价框架

伴随"双减"政策的实施,以及儿童家长文化与学历水平的提升,家长更加重视孩子的素质教育,精细化育儿需求升级,使得幼教装备承载了家长更多的期望,即通过幼教装备让孩子获得认知启蒙以实现能力培养。在此背景下,STEM 装备成为幼教装备发展的新趋势。有学者提出:"STEM 学习是培养儿童创造力、批判性思维和解决问题能力的关键。"其实 STEM 是一门基于 4 个特定学科——科学、技术、工程和数学教育学生的课程,它是一种跨学科的学习方法,将严谨的学术概念与现实世界的课程相结合,让学生在学校、社区和企业之间建立联系的背景下应用科学、技术、工程和数学,从而发展 STEM 素养,并在新经济形势下具有竞争力。然而,已有研究表明,玩具是鼓励儿童实现这些技能的主要工具。STEM 教育理念的普遍推广,使得基于 STEM 教育应用的幼教装备开始在世界范围内流行起来。

STEM 幼教装备可以作为强大的工具,将学习转化为一种身临其境的、快乐的体验,年轻人可以在这里探索、实验和创新。幼教装备协会作为幼教装备开发与推广的主要组织,在这一领域影响巨大。为了更好地规范基于 STEM 的幼教装备的发展,我们构建了 STEM 装备的评价标准框架,主要包含"好玩"STEM 幼教装备特点、STEM 幼教装备要素以及 STEM 幼教装备专项能力三部分。

(1)"好玩"STEM 幼教装备特点

➢ 有趣且引人入胜

许多目标年龄段的孩子对"好玩"STEM 幼教装备展现出浓厚的兴趣,有些孩子会玩很长时间,甚至一部分孩子还会定期玩耍,这说明此类幼教装备对特定的儿童群体非常有吸引力。

➢ 简单易学

目标年龄段的儿童能在最少的帮助下充分使用幼教装备(绝大部分情况下,儿童能够根据自身认知水平使用玩具;少数情况下,儿童需在他人指导下使用玩具)。

➢ 支持技能发展

此类幼教装备能够有效激发多种技能(如认知、语言或创造技能)的适龄发展,并擅长发展一种或多种核心技能(如识字或算术)。

➢ 包容

此类幼教装备的功能与性能积极包容,产品包装和营销代表了不同的群体,并且能帮助消除可能阻碍使用者的隐患。

（2）STEM幼教装备要素

➢ 与现实世界的相关性

此类幼教装备与现实世界具有明显的相关性，且具有一定的应用性。允许儿童动手观察和使用，如看到真实的工作机制、测量或使用科学工具等。

➢ 积极参与性

此类幼教装备能够让孩子积极、独立地参与学习体验。孩子可以观察和操纵物理材料，以进一步理解或解决问题。

➢ 艺术性

此类幼教装备能够鼓励孩子利用其创造力和想象力来发散思维。孩子有机会使用自己大脑的左侧（逻辑）和右侧（创造性）。例如，通过设计、戏剧（包括角色扮演）、舞蹈、音乐、历史或语言等来表达自己。

➢ 逻辑思维

此类幼教装备能够锻炼孩子独立解决问题的能力，通过试错或调查性学习增加认知，鼓励孩子探索逻辑原则，如因果关系。

➢ 自由表达

此类幼教装备能够让孩子自由地反复探索自己的想法，比如通过科学实验探索一系列假设，或者设计代码来查看自己的设计成果。

➢ 支持循序渐进的学习

此类幼教装备包括对成年人的额外指导，可以帮助他们支持孩子的学习，扩展他们的知识。此类幼教装备附带的活动提供了不同程度的挑战，难度逐渐增加，有助于孩子增强信心。

（3）STEM幼教装备专项能力评价

上述两部分内容仅仅是从整体上描述了STEM幼教装备所具备的特点与特性，但对其专项能力还缺乏具体的评价标准。为此，国际玩具业协会针对不同年龄段（2—3岁、4—6岁、7—9岁、10—12岁以及12岁以上）的儿童，从科学、技术、工程以及数学等四个维度出发，规定了其应具备的能力以及相应幼教装备所具备的教育功能标准。

➢ 2—3 岁阶段专项能力训练功能标准

表 3-14　2—3 岁儿童 STEM 幼教装备能力训练标准

维度		标准	代表幼教装备及其特点
科学 （Science）	科学实践	·通过提问和解决问题来表达好奇心 ·通过创建模型来表达想法（例如，混合颜料的颜色来展示树上树叶的颜色变化） ·计划并进行简单的调查（例如，使用触觉比较物体的纹理） ·了解基本的安全性，并在实验中使用非标准和标准的科学工具（例如，在放大镜下研究自然物品）	Smartmax 启动树干磁探测建筑群 一种利用磁铁粘合在一起的建构玩具，为儿童引入磁铁可以相互排斥和吸引的概念
	有机体	·观察、调查、描述和分类生物 ·了解自身和环境发生的变化（例如，查看自己婴儿时期的照片并了解自己是如何成长的） ·描述和比较生物的基本需求	
	物质	·理解物质中发生的变化（例如，混合小苏打和水等物质，观察其变化） ·观察、调查、描述和分类物理对象，包括土、水、空气等	
	力	·探索和描述简单的力，如风、重力和磁力	
	地球系统和人类活动	·了解天气和季节的变化 ·学会尊重自然，爱护环境	
技术 （Technology）	数字工具	·认识一系列技术的不同用途 ·认识选择和使用技术的目的 ·开始使用简单的技术，如平板电脑	TOMY John Deere 建造一辆约翰尼拖拉机（可以工作的玩具） 孩子可以建造和拆卸，从而了解螺丝刀和螺线是如何工作的
工程 （Engineering）	通用工程	·学习物体永久存在的概念（即使看不见的物体，也是存在的） ·使用杠杆、按钮或指令（如按这里）来获得反应 ·对事物如何工作表现出好奇心	Gakken 积木高级套装 一套通过建造各种不同的建筑来激发孩子好奇心的玩具
数学 （Machematics）	数字与运算	·将数字与数量连接起来，计数对象多达 5 个 ·逐个背诵数字 1—10，并知道下一个数字 ·识别一些单数的书面数词 ·认识到数字和数量可以合并或分离，组成另一个数字，并识别这个新数字，最多 10 个 ·用"多""少""大于""少""等于""或""与""相同"估计对象和比较数量	墙故事 鲁多 我正在发现数字！ 儿童可以使用平板电脑与墙贴互动，练习计数和识别数字

续表

维度		标准	代表幼教装备及其特点
数学 （Machematics）	形状与尺寸	·用非标准测量值（如一支铅笔）和估计值测量长度和容量，并改为标准测量值 ·用词语对身长、身高、体重、容量、大小进行描述和比较 ·通过日常练习获得时间观念 ·对常见的二维和三维形状进行识别和命名 ·通过一些属性（如边数）对形状进行描述、比较和排序 ·结合二维形状创建新的形状 ·了解一个形状如果改变大小、旋转或位置会是什么样子	
	分析	·通过单个属性对对象进行描述、分类和排序，然后使用多个属性 ·通过对象或动作的描述或建模来识别、复制和扩展简单的模式 ·生成问题、作出预测，并收集数据以在支持下回答这些问题（例如，讨论树是否有芽并到外面去检查） ·使用对象和支持来组织、表示和分析数据（例如，在分类和计数之前，预测班级在自然散步时收集的黄叶比红叶多）	

➢　4—6 岁阶段专项能力训练功能标准

表 3-15　4—6 岁儿童 STEM 幼教装备能力训练标准

维度		标准	代表幼教装备及其特点
科学 （Science）	科学实践	·在指导下进行规划和调查	昆虫之爱 ——蝴蝶花园 让孩子近距离观察蝴蝶生命周期的科学工具包
	有机体	·观察同伴，了解动植物（包括人类）需要生存 ·了解父母如何养育子女	
	生态系统	·了解植物的生长需要阳光和水分 ·了解动物如何传播种子和给植物授粉	
	物质	·知道如何将碎片化的事物重组成新事物 ·理解由加热或冷却引起的可逆的和不可逆的变化 ·根据可观察到的性质对材料进行分类，并理解某些材料最适合某种用途（例如，塑料可以漂浮）	
	进化、遗传与遗传学	·观察和比较不同栖息地的动植物 ·观察动植物亲代间的异同	
	力、能量和波	·探索推拉运动对物体的影响 ·观察太阳光对地球表面的影响 ·理解声音和振动之间的联系 ·理解黑暗中的物体在照明时可以看到，以及将物体放置在光束路径上的效果	

续表

维度		标准	代表幼教装备及其特点
科学 （Science）	地球与 天文学	・观察太阳、月亮和星星的运转模式 ・观察一年中日照量的变化 ・了解地球上有些事情发生得很慢（如岩石侵蚀），有些则发生得很快（如火山爆发）	
	地球系统 人类活动	・观察天气模式 ・了解植物和动物（包括人类）如何改变环境以适应自身的需要（如松鼠在地下挖洞以隐藏食物） ・探索风和水是如何塑造陆地的，以及水在地球上的位置（固态或液态） ・了解不同植物和动物（包括人类）的需求与其生活的地方之间的关系 ・了解天气预报的目的是让人类为应对恶劣天气做准备 ・了解如何减少人类对当地土地、水和其他生物的影响	
技术 （Technology）	数字工具	・使用基本设备和软件应用程序	伟易达儿童玩具相机 一种可以让孩子尝试拍摄和编辑照片的相机，具有变焦等功能
	数字公民	・在使用技术时，有积极、安全、合法和道德的行为	
	创新与创造	・通过精细的设计过程来表达想法、测试理论，并创造新的工具（例如，3D打印、计算机程序、机器人、VR、虚拟现实等） ・创作原创作品或谨慎地对数字资源进行重新利用和重组，形成新作品	
	计算思维	・使用算法思维开发一系列步骤（如编码）来创建和测试自动化解决方案	
工程 （Engineering）	应用科学	・探索减少人类对土地、水、空气和当地环境中其他生物的影响的解决方案（例如，重复使用纸张、回收饮料瓶） ・设计和制造一种使用光或声音来解决远距离通信问题的设备（例如，纸杯和线"电话"） ・通过模仿植物和动物使用它们的外部条件来帮助自身生存、生长，设计解决人类问题的方案，并满足他们的需求（例如，通过模仿龟壳、橡子壳和动物鳞片来设计保护骑自行车的人的衣服或设备） ・测试不同的材料，以确定哪些材料具有能达到预期目的的特性 ・了解减缓或防止风或水改变陆地形状的解决方案 ・设计和建造一个结构，以减少阳光对地球表面的辐射作用	麦格弗惊人变换轮组 这是一套可以让孩子建造简单的工作车辆的玩具，介绍了轮子的作用
	通用工程	・定义问题并确定如何通过开发新对象或工具来解决问题 ・开发简单的图纸来说明对象的形状是如何帮助它根据需要解决问题的 ・比较为解决同一问题而设计的两个对象的优缺点	

维度		标准	代表幼教装备及其特点
数学 （Mathematics）	数字与运算	·从 1 数到 100 ·理解位值，以 10 和 1 分组 ·用 20 以内的数字表示整数，加减整数	大锯子玩具公司的木质碎片拼图 一款鼓励孩子练习匹配木制数字、形状和分数的木制分数拼图
	形状和尺寸	·识别和描述不同大小和方向的基本二维和三维形状（如正方形、三角形、立方体和圆锥体） ·建模和绘制二维和三维形状，并将较小的形状组成较大的形状（如两个等腰直角三角形组成一个正方形） ·描述和比较测量结果 ·理解迭代，用相等大小的单位建立物体长度 ·使用模拟和数字时钟以小时和半小时为单位讲述和书写时间	
	分析	·计算类别中对象的数量 ·用最多三个类别表示和解释数据	

➤ 7—9 岁阶段专项能力训练功能标准

表 3-16　7—9 岁儿童 STEM 幼教装备能力训练标准

维度		标准	代表幼教装备及其特点
科学 （Science）	科学实践	·规划和进行调查，以产生数据，作为回答问题的证据基础	TEDCO 公司的热带雨林 3D 拼图集 该拼图集收集了 8 个热带雨林动物拼图，供孩子探索和比较，并配有信息卡，以支持孩子的学习
	有机体	·理解生命周期是多种多样的，但所有生物都会经历出生、生长、繁殖和死亡等过程	
	生态系统	·了解植物生长需要阳光和水 ·了解动物如何传播种子以及为植物授粉 ·了解一些动物形成群体来帮助生存（例如，获取食物或保护自己）	
	物质	·根据可观察的性质对材料进行分类，并了解一些材料最适合某种用途（例如，塑料可以漂浮） ·了解由一小部分组成的物体如何拆卸并制成新物体 ·了解加热或冷却引起的可逆和不可逆变化	
	进化、遗传与遗传学	·了解植物和动物都有遗传自父母的特征，这些特征会受到环境的影响 ·观察和比较不同栖息地的植物和动物 ·探索化石，了解生物及其很久以前生活的环境 ·了解同一物种个体之间的特征差异如何在生存、寻找配偶和繁殖方面提供优势（例如，刺较大的植物可能不太容易被吃掉，伪装较好的动物可能更容易生存和繁殖） ·了解在栖息地中，有些生物可以生存得很好，有些生存得不太好，有些根本无法生存	

维度		标准	代表幼教装备及其特点
科学 (Science)	力、能量 和波	·理解平衡力和不平衡力对物体运动的影响 ·观察和测量物体的运动以确定一种模式,用来预测未来的运动(例如在秋千上摇摆) ·探索两个不接触的物体之间的电或磁相互作用的因果关系	
	地球与 天文学	·了解地球上有些事情发生得很慢(如岩石侵蚀),有些发生得很快(如火山爆发)	
	地球系统和 人类活动	·探索如何减缓风和水对土地形成的影响 ·了解不同种类的土地和水体,以及地球上水的分布(固态或液态) ·使用图表中的数据描述一个季节典型的天气状况 ·探索描述世界不同地区气候的信息	
技术 (Technology)	数字工具	·使用技术工具来支持学习(例如,音频、视频) ·使用技术寻求反馈来指导学习(例如,拼写检查、在线搜索) ·使用技术来展示学习(例如,数字海报、博客) ·使用基本设备和软件应用程序 ·解决技术问题(如重新启动设备、安装更新),并将这些知识转移到新技术上	
	数字公民	·了解公民在数字世界中的行为的持久性 ·在使用技术时从事积极、安全、合法和道德的行为 ·管理个人数据以维护数字隐私和安全,并了解用于跟踪其在线导航的数据收集技术	
	数据收集	·使用有效的研究策略,通过数字工具定位信息和其他资源(例如,使用多个来源、视频和音频剪辑) ·使用各种工具(如记笔记、引用工具)从数字资源中收集信息 ·利用数字工具积极探索现实世界的问题	Zing 公司的玩具摄影场 可以用一款应用程序拍摄和编辑定格动画
	创新与创造	·使用经过深思熟虑的设计过程来表达想法、测试理论,并创造新的工具(例如,3D 打印、计算机程序、机器人、VR、虚拟现实等),或使用技术解决实际问题 ·使用数字工具规划和管理设计过程,考虑设计约束和计算风险 ·开发、测试和完善原型,作为循环设计过程的一部分 ·创作原创作品或负责任地将数字资源重新利用或重新混合到新的作品中 ·定制内容以适应目标受众	

维度		标准	代表幼教装备及其特点
技术 (Technology)	计算思维	·识别可以受益于技术辅助方法的问题,如数据分析、抽象模型,以探索和寻找解决方案的算法思维 ·收集(如调查)或识别(如大数据)相关数据,并使用数字工具分析和表示数据,以促进问题解决和决策 ·理解如何将技术用于重复性任务(如自动化),并使用算法思维开发一系列步骤(如编码),以创建和测试自动化解决方案	
工程 (Engineering)	应用科学	·通过应用磁铁的科学思想来解决简单的设计问题 ·考虑设计的解决方案的优点,减少与天气有关的危害的影响	学习资源游乐场工程与设计建筑套装 一个以游乐场为主题的建筑套装,给孩子以工程挑战,包括使用齿轮和杠杆
	通用工程	·定义问题并确定如何通过开发新对象或工具来解决问题 ·定义一个简单的设计问题,反映出一种需求或愿望,包括对成功的指定标准和对材料、时间或成本的限制 ·绘制简单的图形来说明物体的形状是如何帮助解决问题的 ·比较为解决同一问题而设计的两个物体的优缺点 ·根据每个解决方案在多大限度上可能满足问题的标准和约束条件,生成和比较问题的多个可能解决方案 ·计划和执行公平的测试,以确定如何改进模型或原型	
数学 (Mathematics)	数字与运算	·以 1、5、10 和 100 来计数 ·识别数位(例如,853 是 8 个百、5 个 10、3 个 1) ·1000 以内的加减法 ·100 以内整数的乘法和除法 ·理解和比较单位分数(例如,1/2、1/5)	硕脑玩具公司的镜像游戏 要求孩子使用镜子创造对称的形状,以匹配一系列的挑战卡
	形状和尺寸	·使用时间、液体体积、质量和长度的标准进行测量 ·用边和角度描述和比较二维形状 ·构建和绘制二维和三维形状 ·预估和测量二维形状的面积 ·将圆和矩形分割成两个、三个或四个相等的部分,用单词 half, thirds, half of, a third of 等来描述这些部分 ·使用时间(模拟的和数字的,精确到最近的五分钟)和金钱	
	分析	·用线形图和条形图表示和解释数据	

➢ 10—12 岁阶段专项能力训练功能标准

表 3-17　10—12 岁儿童 STEM 幼教装备能力训练标准

维度		标准	代表幼教装备及其特点
科学 （Science）	科学实践	·调查以产生作为证据基础的数据，使用控制变量并考虑试验数量的公平试验	Thames & Kosmos 公司的感应游戏 这款联网玩具可以让孩子们在现实世界中测量声音、光线和温度，然后用这些测量结果来创造和照顾虚拟宠物。
	生物体	·了解植物和动物具有支持生存、生长和繁殖的内部和外部结构 ·了解动物通过感官接收不同类型的信息，在大脑中处理信息，并以不同的方式对信息作出反应 ·了解植物主要从空气和水中获得生长所需的物质	
	生态系统	·了解物质在植物、动物、分解者和环境之间的运动	
	物质	·认识到物质是由小到看不见的粒子组成的 ·理解物质的质量在加热、冷却或混合时不会改变 ·通过观察和测量来识别材料的性质 ·实验缺失两种或两种以上的物质，以了解是否会产生新的物质	
	力、能量和波	·了解地球对物体施加的引力是向下的 ·理解物体的速度与其能量的关系（速度越快的物体能量越多） ·了解能量如何通过声、光、热和电流从一个地方转移到另一个地方，以及物体碰撞时能量的变化 ·用振幅和波长来描述图案，波可以引起物体移动 ·了解光线如何从物体反射到眼睛，使物体被看到	
	地球与天文学	·识别岩层和岩层中的化石模式，以了解景观随时间的变化 ·了解太阳和恒星的表观亮度是由它们与地球的相对距离决定的 ·探索昼夜阴影长度和方向的日常变化规律，以及夜空中一些恒星的季节性外观	
	地球系统和人类活动	·探索风化的影响或水、冰、风或植被侵蚀的速度 ·用地图描述地球的特征（如陆地和海底、山脉、地震） ·描述地圈、生物圈、水圈和大气相互作用的方式（例如，海洋对生态系统的影响） ·使用图表了解地球上水和淡水的分布（在海洋、湖泊、河流、冰川、地下水和极地冰盖中） ·了解能源和燃料来自自然及其使用对环境的影响 ·探索各个社区如何利用科学思想来保护地球的资源和环境	

续表

维度		标准	代表幼教装备及其特点
技术 （Technology）	数字工具	·使用技术工具来支持学习（例如，音频、视频） ·使用技术寻求反馈来指导学习（例如，拼写检查、在线搜索） ·使用技术来展示学习（例如，数字海报、博客） ·使用基本设备和软件应用程序 ·解决技术问题（例如重新启动设备、安装更新），并将这些知识转化为新技术	乐高 BOOST 系列——创意工具箱 一套可以让孩子构建工作模型，并通过应用程序使用拖放编码进行编程（包括运动、输入控制和声音）的玩具
	数字公民	·了解公民在数字世界中的行为的持久性 ·在使用技术时从事积极、安全、合法和道德的行为 ·管理个人数据以维护数字隐私和安全，并了解用于跟踪其在线导航的数据收集技术	
	数据收集	·使用有效的研究策略，通过数字工具（例如，使用多种来源、视频和音频剪辑）定位信息和其他资源 ·利用各种工具（如记笔记、引用工具）整理来自数字资源的信息 ·利用数字工具积极探索现实世界的问题	
	创新与创造	·使用经过深思熟虑的设计过程来表达想法、测试理论，并创新新的工具（例如，3D 打印、计算机程序、机器人、VR、虚拟现实等），或使用技术解决实际问题 ·使用数字工具规划和管理设计过程，考虑设计约束和计算风险 ·开发、测试和完善原型，作为循环设计过程的一部分 ·创作原创作品或负责任地将数字资源重新利用或重新混合到新的作品中 ·定制内容以适应目标受众	
	计算思维	·识别可以从技术辅助方法（如数据分析、抽象模型和算法思维）中受益的问题，以探索和寻找解决方案 ·收集（如调查）或识别（如大数据）相关数据，并使用数字工具分析和表示数据，以促进问题解决和决策 ·了解如何将技术用于重复性任务（如自动化），并使用算法思维开发一系列步骤（如编码），以创建和测试自动化解决方案	
工程 （Engineering）	应用科学	·设计、测试和改进一种能将能量从一种形式转换为另一种形式的装置 ·生成和比较使用模式传输信息的多种解决方案（例如，使用莫尔斯电码发送文本） ·生成和比较多种解决方案以减少自然对人类的影响（例如设计抗震建筑）	Techno Gears Marble Mania——滚珠飞车玩具套装 一套允许孩子建造工作模型的玩具，包括齿轮和阿基米德螺丝

续表

维度		标准	代表幼教装备及其特点
工程 （Engineering）	通用工程	·定义一个简单的设计问题,反映一个需要或想要表达的内容,包括指定的成功标准和材料,时间或成本的限制 ·根据每个解决方案在多大限度上可能满足问题的标准和限制,生成和比较多个可能的解决方案 ·计划和执行公平的测试,在过程中控制变量并考虑故障点,以确定模型或原型可以改进的方面	
数学 （Mathematics）	数字、运算和代数	·对负有理数进行排序 ·编写和计算包含整数未知数的表达式,其中字母代表数字(例如,将计算"从 5 中减去 y"表示为"5－y") ·使用多位数整数进行运算 ·使用分数进行运算 ·理解和使用比率,并将其与分数联系起来 ·除以两位数 ·使用整数和小数运算 ·理解和使用小数和分数之间的关系	Möbi 公司的数字瓷砖游戏 一种以数学为基础的游戏,孩子在游戏中可使用加、减、乘、除尽可能快地列出方程式,并有机会练习运算顺序(PEDMAS)
	形状和尺寸	·将体积识别为三维空间的属性并理解如何测量它 ·通过将其视为 1cm×1cm×1cm 单位立方体的层来分解三维形状以计算体积 ·根据其属性对二维形状进行分类(例如,所有矩形都有四个直角,正方形是矩形,所以所有正方形都有四个直角) ·转换类似的测量单位	
	分析	·在线形图中表示和解释数据 ·利用线形图中的信息来解决问题 ·理解和使用数据分布、中位数和平均值 ·描述和总结统计数据,识别聚类、峰值、间隙和对称性	

➢　12 岁以上儿童专项能力训练功能标准

表 3-18　12 岁以上儿童 STEM 幼教装备能力训练标准

维度		标准	代表幼教装备及其特点
科学 （Science）	科学实践	·调查和评估实验设计，以产生数据作为证据的基础，满足调查的目标	虚拟世界 VR 套装 一个科学工具包，让孩子通过增强现实和虚拟现实进行实验和探索空间，了解太阳系、重力和磁力
	有机体	·知道生物是由细胞组成的；了解一个细胞或许多不同类型的细胞 ·了解细胞作为一个整体的功能，以及细胞的部分如何促进整体的功能，以及身体是一个由细胞群组成的相互作用的子系统组成的系统 ·了解动物的特征行为和植物的特殊结构如何影响其繁殖成功的概率 ·了解环境和遗传因素如何影响生物体的生长 ·了解光合作用在物质循环和物体能量流入和流出中的作用 ·了解食物如何通过化学反应重新排列，形成支持生长或释放能量的新分子 ·了解感觉受体通过向大脑发送信息来响应刺激，以确定是立即行动还是存储为记忆	
	生态系统	·了解资源可用性对生态系统中生物和生物种群的影响 ·预测多个生态系统中生物之间相互作用的模式（例如，竞争性、掠夺性和互利性） ·了解生态系统中生物和非生物部分之间的物质循环和能量流动 ·了解生态系统中物理或生物成分的变化如何影响种群	
	物质	·描述简单分子和扩展结构的原子组成 ·分析物质相互作用前后的性质，以确定是否发生了化学反应 ·了解合成材料来自自然资源 ·预测和描述粒子运动，以及当热能被添加或移除时，温度和纯物质状态的变化 ·理解原子总数在化学反应中不会改变 ·理解物体运动的变化取决于作用在物体上的力和物体的质量的总和	

维度		标准	代表幼教装备及其特点
科学 （Science）	进化、遗传 与遗传学	·解释为什么位于染色体上的基因（突变）的结构变化可能影响蛋白质，并可能产生有害的、有益的或中性的影响 ·描述为什么无性繁殖产生具有相同遗传信息的后代，而有性繁殖产生具有遗传变异的后代 ·分析化石记录中的模式，这些模式记录了地球上整个生命历史中生命形式的存在、多样性、灭绝和变化 ·比较现代生物之间以及现代生物和化石生物之间的解剖相似性和差异性，以推断进化关系 ·比较多个物种胚胎发育的相似模式，以确定在完全形成的解剖学中不明显的关系 ·描述种群中性状的遗传变异如何增加某些个体在特定环境中生存和繁殖的可能性 ·了解改变了人类影响生物体所需性状遗传方式的技术（如基因改造、基因治疗） ·使用数学表示来解释自然选择如何导致种群中特定性状随时间的增加或减少	
	力、能量 和波	·确定影响电力和磁力强度的因素 ·了解引力相互作用，且引力大小取决于相互作用的物体的质量 ·理解物体之间存在力场，即使物体不接触也会对彼此施加力 ·描述动能与物体质量和速度的关系 ·当物体在一定距离上相互作用的排列发生变化时，系统中存储了不同数量的势能 ·当一个物体的动能改变时，能量会从这个物体转移到另一个物体 ·理解标准重复波的振幅与波中的能量有关，波通过各种材料被反射、吸收或传播 ·理解数字化信号是比模拟信号更可靠的编码和传输信息的方式	
	地球与 天文学	·使用地球—太阳—月亮系统来描述月相、日食、月食和季节的循环模式 ·描述引力在星系和太阳系内运动中的作用 ·确定太阳系中物体的尺度特性（如地壳和大气） ·了解地质时间尺度如何用于描述地球 46 亿年的历史	

维度		标准	代表幼教装备及其特点
科学 （Science）	地球系统和人类活动	・了解地球物质的循环和驱动这一过程的能量流（如熔融、结晶、风化） ・了解地球科学过程如何在不同的时间和空间尺度上改变地球表面，以及这些过程如何导致地球矿物、能源和地下水资源的不均匀分布 ・探索化石和岩石的分布、大陆形状和海底结构，为过去的板块运动提供证据 ・描述由太阳能量和重力驱动的水在地球系统中的循环 ・了解气团的运动和复杂的相互作用如何导致天气的变化 ・了解地球的不均匀加热和旋转如何导致大气和海洋环流模式，从而决定区域气候 ・解释自然灾害数据，以预测未来的灾难性事件，并为减轻其影响的技术发展提供信息 ・了解人口和人均自然资源消耗的增长如何影响地球系统 ・探索导致过去一个世纪全球气温上升的因素	
技术 （Technology）	数字工具	・通过在线连接（如电子邮件）建立网络 ・使用技术工具来支持他们的学习（如音频、视频） ・使用技术寻求反馈来指导学习（例如，拼写检查、在线搜索） ・使用技术展示学习（例如，数字海报、博客） ・使用基本的设备和软件应用程序 ・解决技术问题（例如，重新启动设备、安装更新）并将这些知识转化为新技术	SmartLab 公司的智能电路游戏与电子实验室 一款建筑工具包，允许孩子在微型房屋的背景下，构建光、声音和运动的工作模型
	数字公民	・培养和管理公民的数字身份 ・了解公民在数字世界中的行为的持久性 ・在使用技术（包括在线社交或使用网络设备）时，作出积极、安全、合法和道德的行为 ・了解使用和共享知识产权的权利和义务 ・管理个人数据以维护数字隐私和安全，并了解用于跟踪其在线导航的数据收集技术	
	数据收集	・使用有效的研究策略，通过数字工具定位信息和其他资源 ・评估信息、媒体、数据或其他资源的准确性、视角、可信度和相关性 ・使用各种工具（如记笔记、引用工具）从数字资源中整理信息 ・使用数字工具积极探索现实世界的问题	

续表

维度		标准	代表幼教装备及其特点
技术 （Technology）	创新与创造	·使用经过深思熟虑的设计过程来产生想法,测试理论,创造新的工具(例如,3D打印、计算机程序、机器人、VR、虚拟现实)或使用技术解决实际问题 ·使用数字工具来计划和管理考虑设计约束和计算风险的设计过程 ·开发、测试和完善原型,作为周期性设计过程的一部分 ·选择合适的数字平台(如博客、视频)和工具(如数码相机),以满足其创作或交流的预期目标 ·创作原创作品或负责任地将数字资源重新利用或混合到新的创作中 ·通过创建或使用各种数字对象,如可视化、模型或模拟,清晰有效地传达复杂的想法 ·定制内容以适应目标受众	
	计算思维	·识别可以从技术辅助方法(如数据分析、抽象模型和算法思维)中受益的问题,以探索和寻找解决方案 ·收集(如调查)或识别(如大数据)相关数据集,并使用数字工具分析和表示数据,以促进问题解决和决策 ·了解如何将技术用于重复性任务(如自动化),并使用算法思维开发一系列步骤(如编码)来创建和测试自动化解决方案	
	国际合作	·使用数字工具(如虚拟会议、多人在线游戏)与来自不同地区的人联系和互动 ·使用协作技术(如数字项目网站、协作调度程序)与他人合作,从多个角度审视问题 ·探索本地和全球问题,并使用协作技术与他人合作,研究解决方案	
工程 （Engineering）	应用科学	·构建、测试和修改一种通过化学过程释放或吸收热能的装置 ·应用牛顿第三定律设计一个涉及两个碰撞物体运动的问题的解决方案 ·设计、建造和测试最小化或最大化热能传递的设备 ·评估维持生物多样性和生态系统服务的设计解决方案(如水净化、养分循环和防止土壤侵蚀) ·设计一种方法来监测和减少人类对环境的影响(如减少水的使用、土地的使用和污染) ·定义一个设计问题的标准和约束,以确保一个成功的解决方案,考虑相关的科学原理和对人类和自然环境的潜在影响,以及可能限制潜能的解决方案	Ravensburger公司的GraviTrax建筑系统玩具(交互式球轨系统) 一个建筑工具包,让孩子建立自己的工作设计,探索重力和磁铁的效果

续表

维度		标准	代表幼教装备及特点
工程 （Engineering）	通用工程	·使用系统的过程评估的竞争性设计方案，以确定它们在多大限度上满足问题的标准和约束 ·分析来自测试的数据，以确定几个设计方案之间的异同，以确定每个设计方案的最佳特征，这些特征可以组合成一个新的解决方案，以更好地满足成功的标准 ·开发一个模型来生成数据，用于迭代测试和修改提议的对象、工具或过程，从而实现最佳设计	
数学 （Mathematics）	数字与运算、代数	·使用比率和比例来解决问题 ·使用线性方程 ·使用比例图解决问题 ·认识分数、小数和百分比之间的联系 ·在日常环境中使用负数（如温度） ·使用负数和有理数进行加减乘除，理解、比较和使用函数	Winning Moves——移动魔方 一款 3D 益智游戏，鼓励孩子使用模型和算法进行数学思考
	形状和尺寸	·使用三维形状的面积、表面积、体积和周长解决问题 ·使用物理几何模型理解同余和相似 ·使用勾股定理	
	分析	·比较数据中的总体 ·理解和使用随机抽样 ·识别双变量数据中的关联模式	

4. 儿童发展能力矩阵

本书的作者多年来一直从事教育装备理论研究，并在教学实践中综合分析了教育装备的应用与教学效果、师生教与学行为。借鉴加德纳的多元智能理论，作者针对不同的儿童发展阶段，提出了儿童能力发展矩阵，如表 3-19 所示。

为了更好地对不同阶段的儿童能力进行训练和培养，笔者所在研究团队针对不同年龄段的儿童能力发展需求，构建了儿童能力发展产品矩阵，为相关的产品开发以及设计提供理论支撑，如表 3-20 所示。

表3-19 儿童能力发展矩阵

	小班 （3—4岁）	中班 （4—5岁）	大班 （5—6岁）	幼小衔接 （6—7岁）	低年级 （7—8岁）	中年级 （9—10岁）	高年级 （11—12岁）
语言与文学能力（Language & Literacy）	学习礼貌用语、理解基本词句、会唱儿歌童谣、会玩听说游戏	倾听对方讲话、日常会话熟练、看图连续画面、图形表达意思	理解对方讲话、故事表述自如、看图连续编创、想象创编故事	听懂会说普通话、乐意与人交谈、阅读猜想故事、初步使用铅笔	识字写字要主动、童话寓言读起来、复述讲述趣味说、观察想象乐写话	识字写字能独立、字典词典能会查、默读言语趣味会、书读初步便信日常用	默读、书写有速度、积累、背诵好诗文、能写、会应记叙文
数理与空间能力（Math & Space）	会10以内的唱数、5以内计数、会简单的图形组合、会用平移、旋转进行图形拼搭	会20以内唱数10以内计数、能识别平面图形大小、物体的长短	能判断10以内数的大小关系、能理解简单示意图中的空间关系、能用立方块填充方式体验体积	能用材料拼搭立体图形、能目测比较物体大小、积木	能用较大数表达、能理解运算原理、能快速口算、会观察物体、分类立体图形	会用分数、小数表达、会混合运算、会估算、会分类、能画出平面图形	会灵活用数表达、能理解算理、灵活运算、能对几何图形进行等积(体)变换
科学与探究能力（Science & Explore）	能认识感官、能借助工具观察、认识常见动植物	了解简单物理现象、了解季节、人类活动、探究动植物的生长变化过程	了解植物、动物和人、认识简单物理现象、了解季节变化规律	了解动植物与环境、了解简单化学、生物现象、激发好奇心	认识水的不同形态及转换、了解植物生长条件、了解动物与人的感官、了解磁铁、指南针	能用仪器测量、认识人体器官、了解空气流动原理、会连简单电路	了解食物链与食物网、了解地球与太阳系、了解天气现象、了解人体健康
艺术与审美能力（Art & Aesthetic）	会无意识涂鸦、会有意识画画涂色、会模仿声音、会唱儿歌	了解简单线条图形与手指画、能模仿动作、能感知儿童乐曲音色	能感知艺术作品、能演唱与表达儿童乐曲	能动手创作美术作品、能自己表演音乐作品	了解基本型造型表现、会简单绘画与涂色、能体验音乐美感	初识线条、形状、色彩、能用简单绘画表达色、能辨别音色与乐器	会构思创造、会形态功能设计、会听辨节奏和旋律、会欣赏古典音乐与民歌
身体与运动能力（Body & Movement）	发展幼儿走、跑、钻、爬等动作技能；掌握基础的运动能力、建立规则意识	发展幼儿跳、投、攀、钻、悬垂等动作模式、养成良好运动习惯、协调性、灵活性发展	发展儿童动作技能、体能发展良好、能较好完成幼儿园体育目标	发展协调、灵敏、身体素质、愿意尝试学习新动作	发展灵敏、身体素质、能积极主动参与活动外活动、了解基本运动知识	发展平衡、速度等身体素质、能保持稳定的情绪、能调控情绪、具备灵敏性能力	发展速度、力量等身体素质、身体健康、能适应自然环境变化

续表

	小班（3—4 岁）	中班（4—5 岁）	大班（5—6 岁）	幼小衔接（6—7 岁）	低年级（7—8 岁）	中年级（9—10 岁）	高年级（11—12 岁）
自我与社交能力（Self & Social）	体会自己是家庭一员 能够了解、表达情绪	认识周围环境 知道社会角色 适应群体生活 进行日常会话	学会合作等人际交往 学会交通等社会规则 学会避险等行为准则	尝试学校的日常生活 熟悉学校的口语表达 习惯同伴合作与交流	适应小学的环境 熟练的口语交流 会讨论、分享与合作	能有条理地表达 熟悉合作交流 熟悉礼仪常识	深度合作与交流 自我评价与反思 发展共情能力

表 3-20　儿童能力发展产品矩阵

	小班（3—4 岁）	中班（4—5 岁）	大班（5—6 岁）	幼小衔接（6—7 岁）	低年级（7—8 岁）	中年级（9—10 岁）	高年级（11—12 岁）
儿童艺术	锻炼无意识涂鸦 锻炼有意识画圈涂色 锻炼感知色彩	锻炼有主题涂鸦、手指绘画 锻炼画简单线条图形	锻炼看单幅画面 锻炼识别物体与画面的形状与形态 锻炼识别色彩与肌理	促进了解点线面 锻炼认识简单造型元素	锻炼认识线描、色彩、写生的基本步骤和方法 锻炼简单刻画生活中的物品	锻炼深入细致的观察与发现 锻炼运用造型元素表达文化现象	锻炼运用写实、夸张和变形的创作手法 对物体进行塑造和表现
创意手工	锻炼无意识涂鸦 锻炼有意识画圈涂色 锻炼认知形状	锻炼认识剪、撕、粘、贴、折的形式	锻炼感知艺术作品	锻炼动手创作手工作品	锻炼剪、贴、画、拓印 锻炼基本型造型表现 锻炼简单绘画涂色	锻炼使用线条、形状、色彩绘画表达见闻	锻炼构型创造，进行形态功能设计
科学教育	锻炼图形组合 锻炼用图形旋转、平移进行拼搭 锻炼观察常见的动植物	锻炼认识简单物理现象 锻炼识别物体大小、长短 锻炼探究动植物生长变化过程	锻炼 50 以内的唱数 锻炼用立体方式填充体积 锻炼认识简单物理现象	锻炼目测比较物体积大小 锻炼 20 以内数的计算 锻炼认识简单化学、生物现象	锻炼理解运算原理 锻炼快速口算 锻炼观察物体、分类立体图形 锻炼认识水的不同形态及转换	锻炼用分数、小数表达 锻炼混合运算、估算 锻炼用仪器测量长度、质量、体积、温度 锻炼连接简单电路	锻炼理解运算原理 锻炼灵活运算 锻炼想象、描述物体的运动及变化及方位 促进认识地球与太阳系

续表

	小班（3—4岁）	中班（4—5岁）	大班（5—6岁）	幼小衔接（6—7岁）	低年级（7—8岁）	中年级（9—10岁）	高年级（11—12岁）
早教启蒙	锻炼理解基本词句 锻炼唱儿歌及童谣 锻炼"玩"图画书	促进注意倾听并回应 锻炼熟练日常会话 锻炼看图讲述故事	培养语气、语调辨析能力 促进表述自如、简单辩论 锻炼看连续画面 锻炼根据图形编故事	锻炼理解复杂句子 锻炼根据画面猜想后续情节 促进认识常见字 锻炼自己读绘本	锻炼理解运算原理 锻炼快速口算 锻炼观察物体、分类 立体图形 锻炼认识感官	锻炼流畅表达 锻炼使用比喻、拟人等修辞手法	锻炼听懂较复杂演讲 锻炼使用复杂句表达自己的思想
益智拼插	锻炼形状认知、随意摆放拼块	锻炼手眼协调、图案认知	训练简单拼搭、形状配对	培养艺术鉴赏能力、想象力	锻炼空间构造、造型认知	锻炼逻辑思维、艺术创作	培养发现问题、解决问题能力
益智玩具	促进手部肌肉的发展与锻炼	培养手眼协调能力 锻炼认知形状、认知色彩	培养基础数字能力	锻炼辨别对错	培养大脑记忆能力	锻炼语言表达	培养立体空间感

5. 头部幼教装备企业发展现状

前瞻产业研究院发布的《2024—2029年中国玩具制造行业产销需求与投资预测分析报告》显示:2023年中国玩具行业产值规模为4611.21亿元,同比下降5.1%;销售规模为4408.84亿元,同比下降5%;市场规模为1598.48亿元,同比增长2.7%;零售市场规模达907亿元,同比增长2.7%,2017—2023年国内玩具零售销售情况如图3-41所示:

图 3-41   2017—2023 年中国玩具零售销售情况

我国人均玩具消费规模虽保持快速增长态势,但与德、英、美等发达国家的差距仍然较大,仍存在很大的发展空间,如图3-42所示。

图 3-42   中国与德、英、美等发达国家的玩具消费对比

目前中国玩具行业上市企业(股票代码)中实力较强的主要为:奥飞娱乐(002292)、星辉娱乐(300043)、沐邦高科(603398)、实丰文化(002862)、高乐股份(002348)、泡泡玛特(09992.HK)、凯知乐国际(02122.HK)、彩星玩具(00869.HK)、名创优品(09896.HK)以及美乐雅(834424)等。为了更加清晰地了解各头部玩具企业的发展业务,笔者整理了实力较强的玩具上市企业的主要经营范围,如表3-21所示。

表3-21　2024年中国玩具行业实力较强企业产品和销售情况

公司简称	重点领域	销售渠道
奥飞娱乐	竞技类玩具、遥控玩具、智能数码系列和女孩玩具系列	海外业务覆盖超40个国家和地区
星辉娱乐	动态车模、静态车模、拼装积木车模、婴童玩具	产品运销120多个国家和地区
沐邦高科	益智积木教玩具	国内为主
实丰文化	电动遥控玩具、婴幼玩具、车模玩具、动漫游戏衍生品玩具	产品销往全球近百个国家和地区
高乐股份	电子电动玩具、塑胶玩具、毛绒玩具、益智玩具、智能互动玩具	国内为主,国外主要销往美国、拉丁美洲国家、亚洲其他国家等
泡泡玛特	潮流玩具	国内为主,海外业务在20多个国家和地区实现线下和线上的全渠道入驻,截至2023年底,海外门店达到80家
凯知乐国际	组装玩具、木制玩具、电子玩具、动漫人偶	国内为主
彩星玩具	忍者神龟玩具	国外为主,主要销往北美洲、欧洲等地区
名创优品	动漫玩具	产品销往全球111个国家和地区
裕利智能	塑胶玩具、智能玩具	国内为主
美乐雅	吹泡水玩具、荧光玩具	外销为主,客户遍布北美洲及欧洲地区
绿林幼教	木制玩具	外销为主
精英动漫	动漫玩具	国内为主
小白龙	动漫玩具、益智玩具	国内为主
顺林模型	汽车模型	外销为主

从2023年的营收规模看,泡泡玛特玩具业务收入超过60亿元,远超其他玩具企业,奥飞娱乐、凯知乐国际、彩星玩具营收规模在10亿元以上,分列第二、第三、第四,裕利智能、星辉娱乐、实丰文化、高乐股份营收规模在2亿—5亿元之间,其余上市企业玩具业务收入低于2亿元。各企业的营收情况如图3-43所示。

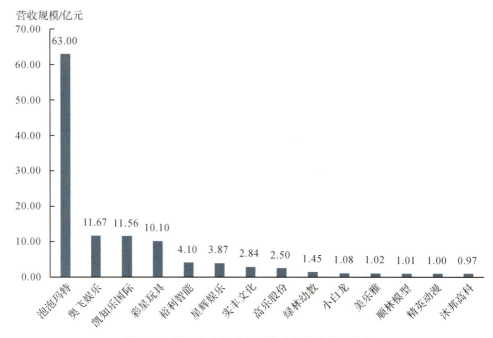

图 3-43　2023 年中国上市玩具企业营收规模排名

　　美国玩具协会发布的数据显示，2023 年全球玩具销售额达 1087 亿美元，比 2022 年下降了 2％。2018—2023 年，全球玩具市场的复合年增长率为 3％，相关数据如表 3-22 所示。

表 3-22　全球玩具市场规模

年份	2018	2019	2020	2021	2022	2023
市场规模/亿美元	927	929	985	1089	1108	1087

6. 未来幼教装备发展的趋势

（1）销售模式的变化

　　随着网络的发展，零售逐步成为各玩具厂商的主要销售模式。《亚马逊美国玩具市场观察报告》显示，美国的玩具零售额在 2022 年达到了 292 亿美元，占美国玩具市场规模的 76％。而在玩具零售渠道中，又属社会平台占比最大，已达 73.2％，具体情况如图 3-44 所示。

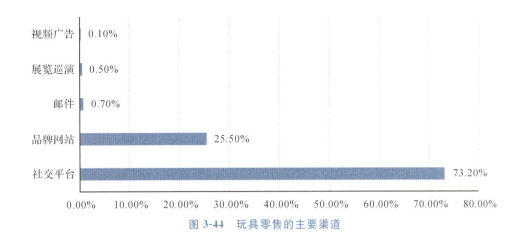

图 3-44　玩具零售的主要渠道

（2）产品性能变化

美国玩具协会作为指导与规划玩具行业发展的组织，通过多方的数据调研，总结了2024 年以后幼教装备发展的几个趋势。

①生态持久。

美国玩具协会的一项调查显示，45％的 40 岁以下父母在作出购买决定时会考虑玩具对环境的影响。2024 年，玩具制造商将优先考虑可持续性，不仅将其作为使用环保材料的承诺，还将其作为与这些不断变化的消费者价值观相一致的整体方法。德勤发布的相关报告显示，消费者在可持续发展和购买产品时最关心的是耐用性。除了环保，这一趋势还集中在经得起时间考验的玩具和品牌上，强调工艺、传家宝品质、延伸的游戏价值，以及玩具随着年龄的增长而适应和成长的能力。

②系统融合。

玩具行业正在加紧提供各种各样的玩具，以帮助孩子身心协同发展。玩具融合了情商、无屏幕主动游戏和运动乐趣，这一趋势将重新定义儿童游戏的格局，因为玩具制造商提供了更多的玩具，这些玩具不仅可以促进身体健康，还可以激发创造力，引导健康的情感表达和社交互动。这一趋势承认了游戏在儿童整体发展中的作用。事实上，美国一些州现在正在强制实施基于游戏的学习。研究表明，"有目的的游戏"可以加深对课程的理解。

③怪异魔法。

由于电影、电视和文学中对神秘和悬疑文化的传播，使得一系列利用新技术、隐藏功能、密码展开叙事的玩具开始流行起来。这些玩具利用了孩子天然的好奇心，引导孩子探索未知的刺激。这类玩具的特征就是通过充满神秘气息的玩具将孩子带上一段神奇的旅程，让孩子在玩的过程中感受神秘的力量。

④动漫形象。

近年,狂热的粉丝将动漫带到了前沿,其对玩具领域的影响达到了前所未有的高度。青少年和儿童通过视频互动、在线论坛和社交媒体参与动漫社区,粉丝积极参与讨论,进行艺术创作和角色扮演。这种热情,加上流媒体渠道给动漫带来的可访问性,创造了一种文化涟漪效应,并影响到各种消费品,包括儿童玩具。例如,2023年,日本的万代公司在美国的时代广场开设了一家旗舰店,出售各种动漫人物。玩具制造商利用动漫独特、受欢迎的故事和美学,创造出让人产生共鸣的玩具,这将成为未来玩具发展的一个增长点。

第八节　绩效评估成为教育装备研究的热点

1. 绩效的本质与内涵

绩效作为词语使用,自古有之。例如,《后汉书·荀彧传》中的"原其绩效,足享高爵",《旧唐书·夏侯孜传》中的"录其绩效,擢处钧衡",《苏学士集》中的"若公者,绩效著白,而雅意冲退"以及《明史·马世龙传》中的"世龙在关数载,绩效无闻"等都使用了绩效一词。分析上述史学文献的语义,可以看出,其中"绩效"的含义属偏正结构,侧重"绩"字的内涵,这与《现代汉语词典》《汉语大字典(第二版)》以及《辞海》等工具书对"绩"字内涵的解释基本相同,即"绩"指"业绩,成效"。

在英文语境下,"绩效"一词对应的单词是"performance",该单词除含有与中文"绩效"类似的含义外,还有性能、效能之意。将"Performance"作为一门学术理论来进行研究,起源于20世纪七八十年代的欧美国家。最初大部分学者都将绩效等同于行为,认为绩效就是对行为的评价,后来包括绩效理论创始人吉尔伯特在内的一些学者逐步将行为与绩效剥离开来,并形成几种认识:(1)绩效的内涵是成就与行为比率的函数;(2)绩效是行为的结果;(3)绩效包含行为以及行为的结果,是一个多维度的概念;(4)绩效技术也往往被称为人的绩效技术,它与改进和增长人的工作业绩和效率有关,目前比较多地应用在企业组织的人力资源管理和开发上;(5)人的绩效技术是解决人的绩效问题或者寻求改进人的绩效的机会的一套方法和过程,可应用于个人、小组或者大型组织的不同层面。

通过对"绩效"释义的梳理可看出,其内涵与意义已经发生了很大转变,即由人的业绩评述逐渐转向了对个人、集体或者组织的行为过程和结果价值的评价。这就预示着,如何通过测量以实现评价成了"绩效"这一概念内涵的核心,它所要解决的是为什么要进行评价和如何进行评价的问题。尤其是将行为结果与行为的比率界定为绩效的这一公式化形式，使得人们对绩效的内涵有了更加具体的认识和理解。

2. 绩效之关联概念

随着时代的发展和社会分工的细化，绩效的内涵与外延日渐丰富，应用领域也逐步广泛，并演变出了系列的固定学术概念，以管理学领域最为突出，如"绩效评估""绩效指标"以及"绩效管理"等词。绩效评估是指运用系统的方法去评定和测量员工在岗位或职务上的工作行为和工作结果的一种评价制度。绩效指标是指用以确定对象（个人、业务单元、部门或者组织）业绩好坏的因素，是绩效评估工作的关键要素，以行为指标和结果指标体现。绩效管理是指通过绩效评估、绩效评估面谈和日常定期的绩效指导等三大环节实现对工作绩效的客观衡量，是有机整合的一套流程。相对绩效评估而言，绩效管理所关注的重点是行为或者绩效改善，强调上司（组织）和员工的伙伴关系和不断对话，对于个人以及组织的绩效改善都有积极的促进作用。

通过对绩效关联概念内涵的梳理，可以进一步看出，实施绩效评估是一个系统的过程，其关键在于优化管理过程，目标在于改善行为效果，而且评估方法灵活，需要根据具体应用情况选择。

3. 教育装备绩效概念的界定

教育装备绩效作为一个学术概念，虽然有学者分别从装备投入后的成绩、效益、配备过程以及装备性能、管理过程等方面进行了概念界定，但其定义仍是宏观的描述性概述，难以为相关政府机构进行装备绩效评估提供理论指导。"教育装备绩效"作为绩效的下位概念，其本质和内涵理应从属于绩效这一概念，并具有继承性和拓展性。通过对绩效本质与内涵的分析不难看出，无论是中国历史文献中的表述，还是中西方学术话语体系中的阐述，其描述和评价的主体均为"人"，是对某个个体、机构或者组织（执行主体均为人）的行为过程及行为结果的评价，如政府绩效管理、企业绩效管理等。然而，"教育装备绩效"的主体为"物"，而非"人"，这就需要先对其主体进行界定，然后才能对"教育装备绩效"这一概念进行剖析及界定。

教育装备包含的内容非常广泛，既包含物化的资源（如具体的教学仪器、设备、实验装备、网络设施，甚至实验室、空间以及场地等），也包含非物化的信息化资源（如教学系统、教学资源），甚至还包含对其配置、配备的过程。因此，从这个意义上来说，教育装备绩效应从行为和结果两个层面上进行界定。行为层面上，由于教育装备主体的物化属性，使其不具有主观能动性，其绩效通常指产品自身的效能，是由教育装备产品自身的性能及相关指标参数决定的，不具有管理意义上的评价功能；结果层面上，由于教育装备没有能动性的直接行为结果，其绩效体现在"人"对其的配置和实践应用效果两个维度，这也是教育装备绩效的实质内涵。鉴于此，笔者从实践应用的角度出发，将教育装备绩效评估界定为：对教育装备配置过程以及实践应用所产生的成效进行评估的过程，并非对装备产品本身的性能进行评价。基础教育装备作为教育装备的一个子范畴，是指应用于中小学校的教育装备，其本质和属性与教育装备具有一致性，其绩效评估过程和评估方法具有同源性。

4. 教育装备绩效评估指标体系

虽然教育装备绩效评估的核心是成效评估，但成效是一个相对概念，不但涉及装备所产生的直接成效，还涵盖装备投入与产出相结合的过程。因此，成效评估必须充分考虑装备的投入，即教育装备的投入成本。

（1）教育装备成本

"成本"一词起源于经济学，是指从事一项投资计划所消耗的全部实有资源总和，它构成了商品价值的一部分，是生产商品所消耗的物化劳动和活劳动，是衡量商品效益的根本。随着经济的发展以及教育观念的改变，在进行教育投资研究时，人们逐渐将"成本"引入教育领域，并受到了广泛的关注。而教育装备作为教育投资的主要部分，其成本在整个教育建设发展中有着举足轻重的地位。因此，有必要对教育装备成本的构成和内涵进行界定。教育装备成本是指在装备的有效生命周期内对装备进行设计、开发、建设、使用、管理、维护以及报废等过程所投入的全部资本总和，既包括硬件设备的投入，也包括所需软件资源的投入，是教育装备在整个生命周期内所消耗的直接和间接活劳动与物化劳动的综合。鉴于教育装备成本性质与构成的复杂性，可从如下几个层次对成本进行分析。

①直接成本。

教育装备直接成本是指由国家、教育主管部门或者学校直接进行教育装备建设的投资，主要包括设计成本、开发成本以及建设成本等。

②间接成本。

教育装备间接成本是指难以形成直接量化关系的资源投入成本，主要包括固定资产折旧成本、管理费用、人员培训费用、设备损耗费用、低值易耗品以及产品报废后的处理费用等。

③机会成本。

机会成本是指进行一项资本投资时放弃另一项投资所产生的成本，即把一定资源投入某一用途后放弃的在其他用途中所能获得的利益，选择投资和放弃投资之间的收益差是可能获取收益的成本。学校所使用的土地、建筑物、实验仪器、设备设施、图书、低值易耗品以及配备的专门管理维护人员，如果不用于教育而作其他用途，同样会获得收入，此部分收入在经济学上有专门的称谓，即机会成本。一般来说，机会成本越小越好，它的最小值可以为负数，机会成本是由于资源的稀缺性，考虑了某种用途，而失去了其他被使用而创造价值的机会。因此教育装备的机会成本是从整个学校的发展与规划层面出发，对教育装备建设所进行的分析与思考。

④边际成本。

边际成本就是增加一单位的产量而引起的成本的增加量。由定义得知边际成本等于总成本的变化量除以对应的产量的变化量，即边际成本＝总成本的变化量/产量变化量。此部分成本在教育经济学中也称为规模经济。因此教育装备的边际成本可以定义为：提高单位教育教学效果而新增装备的建设投入成本。它是衡量教育装备经济效益的一个重要指标，与学校的规模、现有装备的建设程度以及学校师资队伍、教育教学效能有着直接关系。上述定义说明，并不是教育装备建设的投资越多，教学效益就越高，当一个实际的学校或者教育机构的教育装备建设达到一定的规模后，随着投资力度的加大，教学收益的单位成本也在增加，如再继续投入就意味着装备资源的浪费与闲置，如图 3-45 所示。

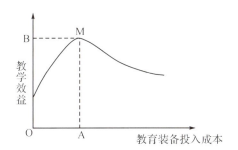

图 3-45　教育装备投入成本与教学效益的关系

（2）教育装备成本投资的指标体系

有投资就要有收益，教育装备建设也一样，既要考虑产出——教学效益，也要考虑投入——投资效益。由于教育装备并不像其他生产设备，能生产产品并将其价值转移到产品中，通过产品的交换价格来体现价值，进而以货币等形式直接衡量效益。教育装备直接面对的是学生，不能直接同物质生产资料结合，因此不会直接产生社会物质财富，它所产生的价值只能通过它所培养的学生创造的社会财富来体现，这种价值实现周期长，表现形式多样，既有有形的资产也有无形的道德观念、文化素养等，难以用具体的量化数值加以衡量，因此在确定教育装备成本指标体系时首先要将教育成本进行分解，其次要将教学效益进行量化，然后再进行综合考虑，才能对教育装备的综合投资效益进行评估。在教育装备的各项成本中，直接成本最容易体现也最容易衡量，学校或者教育机构可根据自己的财政情况进行直接估算，而对于间接成本、机会成本以及边际成本的衡量不但难以操作也最容易被忽略，这恰恰是确定教育装备投资有效性的关键性指标，接下来笔者将就此展开分析。

①确定教育装备的经济寿命。

设备的经济寿命是指设备从开始使用到其等值年度费用最小的使用年限。设备的等值年度费用一般包括资金恢复费用（原始投资年均摊销额）和等值年度使用费（年度运行费和年度维修费）。教育装备的间接成本大都是后续为保障其正常运行而追加的投资，主要包括使用成本、运行维护成本、折旧成本、管理成本等几大板块，而这些费用会随着时间的改变而改变，因此对其进行估算，就要寻求一个理想的时间，在这个理想时间，装备的间接费用投入最小。设备从开始使用到这一理想时间的年限即为教育装备的经济寿命，如图 3-46 所示。

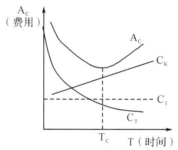

图 3-46　教育装备的经济寿命

A_C 为教育装备平均使用成本，C_K 为年平均折旧成本，C_T 为 T 年内平均运行成本，T_C 为教育装备的经济寿命，C_1 为第一年的运行成本，每年运行成本增加额为 β，装备运行 T 年时，年平均折旧成本为 C_K，教育装备原始投资费用（如购置费）为 K_0，教育装备处理时的价值为 V_L，则第 T 年时的运行成本 $C(T)=C_1+(T-1)\beta$。T 年内运行成本的平均值 C_T、年平均折旧成本 C_K 以及年平均使用成本 A_C 分别为：

$$C_T = C_1 + \frac{(T-1)\beta}{2} \qquad C_K = \frac{C_0 - V_L}{T} \qquad A_C = \frac{K_0 - V_L}{T} + C_1 + \frac{(T-1)\beta}{2}$$

在上述计算的基础上，采用极值的方法对教育装备平均使用成本 A_c 进行运算，可求出教育装备的经济寿命，即 A_c 为极小值时装备的使用时间 T_c。

$$T_C = \sqrt{\frac{2(K_0 - V_L)}{\beta}}$$

上述计算方法没有考虑时间因素，随着时间的增加还要考虑利率问题，假设年利率为 i，则有：

$$C(t) = C_1(1+i)^{T-1} + (t-1)\beta(1+i)^{T-1}$$

$$A_C = \frac{K_0(1+i)^T - K_L}{T} + \frac{C_1[(1+i)^T - 1]}{iT} + \frac{\beta[(1+i)^T - iT - 1]}{i^2 T}$$

确定了教育装备的经济寿命后，我们就可以确定教育装备投资的最小间接成本，然后加上最初投入建设的直接成本,就可以将教育装备的投入成本核算出来。

②教育装备的边际效益。

与边际成本相对应的是边际效益,经济学中的边际效益是指一个市场中的经济实体为追求最大的利润,多次扩大生产,每次投资所产生的效益都会与上一次投资产生的效益之间出现一个差,这个差就是边际效益。适度增加教育装备的建设规模应该是可行的,即边际效益增加,但当扩张到一定程度时必然导致边际效益下降,大量的成本支出无法取得回报,结果就是教育投入的浪费。这是因为教学效益的提高不单纯是由教育装备的现代化以及效能发挥的最大化决定的,还与学校的师资队伍以及学校的发展情况、学生的情况等多方面因素有关。因此教育装备的教学效益发挥是由教师的教学技能、管理人员的素质等人力因素以及投资的规模两个方面决定的,三者之间的关系如图 3-47 所示。

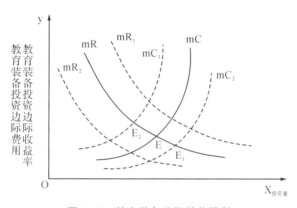

图 3-47　教育装备边际效益模型

mR 为学校或教育机构的人员能力,能力强则收益曲线上移,效益增大。mC 为学校投资建设教育装备的资本,投资量大则效益曲线上移,效益增大,但是当到达一定程度后这种增长趋势趋于平缓甚至不增长,因为教育装备的效能不可能无限制地提高。根据各个学校的实际情况,教师能力和学校财力共有四种组合,如图 3-47 所示。mR_1 为学校师资队伍工作能力强时的边际曲线,mR_2 为学校师资队伍工作能力弱时的边际曲线,mC_1 为学校财力充足时的边际费用,mC_2 为学校财力不足时的边际曲线。从图中可以得出教师能力与投资曲线相交点为最佳投资适度量,E_1 点引导管理者适当增加教育投资量,提升教育装备的教学效益,而 E_2 点引导管理者适当降低投资量,减少教育装备的投资,避免浪费。因此当教师能力和学校财力投入都适当时,教育装备投资所取得的效益最佳,即 E 点对应为最佳投资量。

③教育装备的机会效益。

由于教育的特殊性,即高等教育回报率高、基础教育回报率低,因此对基础教育装备投资越大,其产生的机会成本就越高,从而使得有些管理部门在很多情况下不愿意进行基础教育装备投资。但基础教育是国民教育的重要基础，它决定了高等教育的发展方向以及发展质量，是现代社会文明的一个重要标志，我们必须加以重视，增加投资。

（3）教育装备绩效评估体系的构建

绩效评估作为一项复杂的系统工程，要实现合理与科学的评价，需要一套严格规范的流程。笔者基于此，采用德尔菲法构建了教育装备绩效评估的基本流程。

①教育装备效益评估指标确定流程。

由于教育装备投资的效益是通过教学效益提高来体现的，而教学效益的提高是一个复杂且难以具体化的指标，因此只能先将其细化，然后再将其量化。在这个过程中，需要将量的研究与质的研究相结合，才能确定合理的指标。一方面，通过调查问卷以及量表收集原始数据，根据数据的统计结果和统计学上常用的主成分分析法确定评估指标。另一方面，通过聘请装备专家、教育专家、装备管理者以及一线教学工作人员进行研讨，通过德尔菲法确定关键指标，最后将两者结合。这样才能较为科学地将影响教育装备投资所产生教学效益的因素剥离出来，确定关键评估指标。具体步骤如图 3-48 所示。

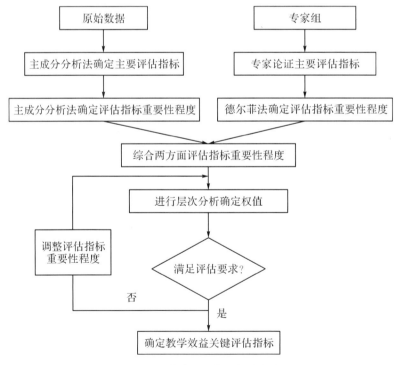

图 3-48　教学效益评估指标确定方法

②教育装备的效益评估指标体系

笔者通过收集、梳理广东、北京以及江苏等地的教育装备管理部门的数据，并聘请相关研究专家进行集中讨论,确定了教育装备投资所产生教学效益的评估指标,具体如图 3-49 所示。

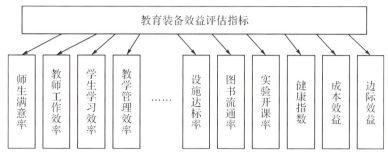

图 3-49　教育装备效益评估指标

③教育装备绩效评估指标体系。

我们讨论了教育装备效益的评估,接下来将讨论教育装备运行机制的整体效能评价。这不仅要结合教育装备效益的评估指标,还要确定各个指标的权重以及算分比例。各指标的权重通常根据当地经济发展与教学需求,由相关专家采用德尔菲法确定,然后取平均值,最终得出绩效评估标准。笔者所在研究团队,根据多年的研究经验以及相关文献,确定了教育装备绩效评估各指标的权重,如表 3-23 所示。

表 3-23　教育装备绩效评估指标及其权重

指标		权重分值
一级指标	二级指标	
内部流程(内部运营) 政府绩效(15%)	节支率	30
	采购周期	30
	人均经费比重	20
	人均采购额	20
学校装备(客户) 装备效能(40%)	装备整体效能	30
	教师教学效率	20
	教师备课效率	20
	学生学习效率	20
	装备的性价比	10
经费(财务) 规模效益(15%)	规模效益	30
	均衡指数	30
	折旧率	10
	学生人均装备经费	15
	教师人均装备经费	15

续表

指标		权重分值
一级指标	二级指标	
学习发展 人员结构培训等（20%）	人均进修培训率	20
	高级职称比率	10
	中级职称比率	10
	初级职称比率	10
	大专学历比率	10
	本科学历比率	10
	研究生学历比率	10
	专业对口率	20
企业装备绩效（10%）	教学满意率	50
	研发性价比	50

教育装备的内涵极其丰富，其绩效评估的内容与形式也是多样化的，不同部门与机构根据不同需求，所采用的指标体系也大不相同。目前市场上大部分评估方法与过程都是质性评估，缺乏量化标准。虽然笔者所提出的评估指标与权重分析在一定程度上实现了量化评估，但其科学性、系统性还需要继续完善。本研究成果仅是抛砖引玉，为后续研究提供基石，进而为教育装备绩效评估理论体系的构建与发展提供参考。

第四章　基础教育装备发展与应用案例

第一节　中科智能教考系统——实验操作及技能类考评的新样态

1. 公司简介

中科智能教考系统是上海中科教育装备集团有限公司(简称中科)的拳头产品。该公司成立于 1993 年,是国家高新技术企业、上海市诚信企业、上海市 AAA 级守合同重信用企业、上海教育装备行业协会常务理事单位,在上海松江高新技术开发区拥有多个研发和生产基地,总占地面积 10.8 万平方米,主要从事教育教学装备的研发、制造、销售和服务。2014 年开始研发中学理化生智慧云实验室。2018 年 9 月,中科的中学理化生智慧云实验室兼实验技能考场(ZK-100)被评为第 74 届中国教育装备展示会金奖产品。2020 年 8 月 7 日,中科与教育部教育装备研究与发展中心〔现教育部教育技术与资源发展中心(中央电化教育馆)〕合作成立了中小学实验教学与创新素养考评研究院,后续又与上海市教委联合设立了首家实验教考师资培训基地。2022 年 7 月 8 日,中科被科技部授予"智能教考——国家新一代人工智能创新平台"荣誉称号。近 10 年,中科紧随国家教育改革政策的引领,以国家教育发展规划为指导,面向基础教育装备能级提升需要,积极投入研发,累计获得了 100 多项发明专利和 40 多项软件著作权,先后推出的中小学物理、化学、生物与体育等智慧教学装备和智能化考场装备,已被包括上海在内的 26 个省区市共计 1500 多所学校采购应用。实践表明,中科的系列产品应用效果和科技含量处于行业领先地位。

2. 产品特性

中科智能教考系统主要包括几大部分,下面主要介绍中科理化生实验智能教考系统和中科智能体育系统。

（1）理化生实验智能教考系统整体解决方案

2021年5月15—16日，上海市初中理化实验操作考试采用智能化考查方式，其中静安、长宁、普陀、虹口、宝山、浦东新区、嘉定、松江、青浦、奉贤10个区的500多所学校，近100000名考生使用中科理化生实验智能教考系统进行考试。该系统应用效果良好，深受广大一线师生以及管理者欢迎。

中科理化生实验智能教考系统在传统实验操作考核流程的基础上设计了系统的基本功能模块，具体如图4-1所示。

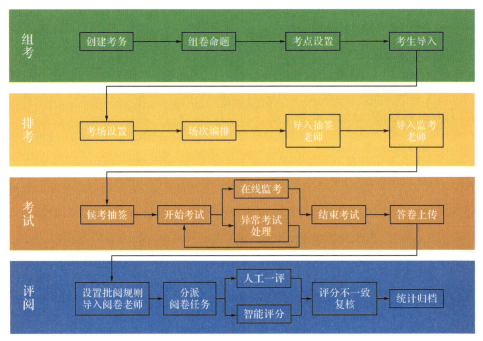

图4-1　实验操作考核流程

为了使人工智能技术充分赋能实验操作，该系统的设计从"教""学""考""评""管"等几个方面切入，深度理解装备、学校、教研、教学的需求，基于物理、化学、生物学的学科本质，切实把握实验教学的特点和实际应用场景，实现对市、县（市、区）、学校三级的实验室、实验仪器、实验教学与研究、实验教学与实验技能考核等方面的管理。该系统充分运用物联网、云平台技术、大数据技术和人工智能技术对传统的实验室、教学模式和考核模式进行信息化技术改造。其借助信息化硬件和软件，不但实现了对教师教学活动的管理，还实现了对学生日常实验过程的数据采集和评价分析，通过人工智能技术的赋能完成了对实验考核过程的管理和智能评测，提升了实验技能考试的客观性和公平性。利用大数据分析技术完成对教师教学数据和学生考试数据的智能分析及可视化呈现，形成地区性的实验教考数据结果，以便完成教学质量的评估和教育资源的优化。该系统的生态逻辑结构如图4-2所示。

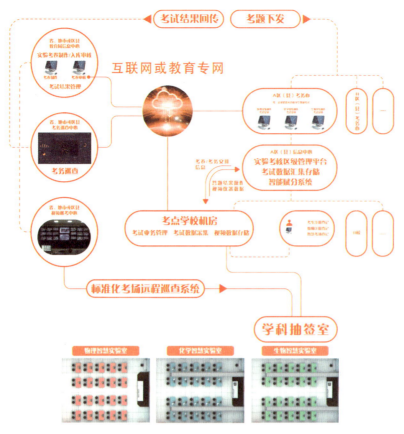

图 4-2 中科理化生实验智能教考系统生态结构

中科理化生实验智能教考系统围绕实验"教""学""考""评""管"(实验教学、实验考试、实验竞赛、师资培训、实验教学评价与管理等方案的研究、制订和修订工作)几个方面展开,推进理化生实验技能考试中人工智能技术的应用开发,其具体情况如图 4-3 与图 4-4 所示。

图 4-3 中科理化生实验智能教考系统的"教""学""考""评"逻辑结构

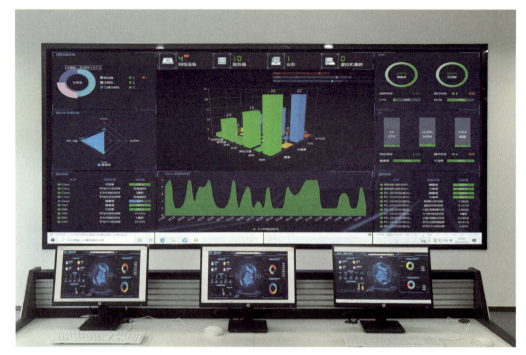

图 4-4　中科理化生实验智能教考系统的云"管"界面

（2）智能体育学科整体解决方案

教育部发布的《〈体育与健康〉教学改革指导纲要（试行）》明确提出了要打破传统的体育课堂教学组织形式的局限性，丰富评价内容，倡导开展多元性评价。但如何更加有效地完善中小学体育测评管理机制，建立长效的测评数据库，成为各地教育主管部门长期以来所面临的难题。为了应对这　难题，中科秉承"统筹建设、因地制宜、促进区域体育资源共建共享"的建设原则，综合运用人工智能技术、机器视觉、大数据、云计算、知识图谱等新一代信息技术，结合区域、学校已建设项目成果，开发了中科智能体育系统。该系统打通了体育学科孤岛，实现了体育学科数智化环境全方位立体式覆盖，该系统的生态结构如图 4-5 所示。

图 4-5　中科智能体育系统生态结构

中科智能体育系统从体育行为、体育技能、体育知识、体质健康以及体育意识五个维度对每个学生的体育素养进行评估，其功能结构如图 4-6 所示。

图 4-6　中科智能体育系统功能结构

中科智能体育系统功能强大，具有设施一次性部署、常态化使用的特点。另外，该系统项目类型丰富，支持全场景体育素养教育教学，支持全维度体育素养评价体系，支持 AI 算法精准教学，测试数据精准，满足多种场景，交互手段丰富，支持多种设备，支持户外体育场馆体育数智化，软件升级方便，版本持续迭代，支持区域化部署，提供大数据平台，完全满足国家对于中小学体育测评的要求。其应用界面如图 4-7 所示。

图 4-7　中科智能体育系统应用界面

3. 合作案例

中科智能教考系统自投入实践应用以来，不但引领了行业的发展，还有效推动了中考实验操作考试的信息化发展，得到一线学校、教育主管部门以及广大师生的一致认可。目前该系统已经在深圳、上海等经济发达地区的多所学校应用。

（1）上海市延安中学

上海市延安中学的科技教育水平一直处在上海市的领先行列，该学校始终坚持以"提高每个学生的科学素养"为科技教育的培养目标，实施"面向全体学生的研究型课程计划"，通过开展"基于项目学习"的研学活动，拓宽科技创新教育的"主渠道"。为了提高学生的信息素养，使学生能够体验信息时代的科技发展，满足学生个性化学习的需求，学校投入大量资源建设创新实验室，尤其是依托中科智能教考系统的理化生学科 DIS 实验室和跨学科青少年法庭科学创新实验室，有效实现了理化生实验操作的智能化考核。其建设布局如图 4-8 所示。

图 4-8 上海市延安中学理化生智考实验室

（2）上海市建青实验学校

上海市建青实验学校是长宁教育国际联盟成员校之一，是长宁区重点中学。该校中学部在课后服务方面，依托学校多元智能空间建设取得了优异成绩。该校采用中科智能教考系统建设的理化生智考实验室为学校学生综合素质的提升打下了坚实的基础，其应用效果如图 4-9 所示。

图 4-9 上海市建青实验学校理化生智考实验室

（3）南方科技大学教育集团（南山）附属实验学校

中科智能教考系统不但深耕上海的初中理化生实验室建设，其业务还拓展到了深圳等地区的多所学校。南方科技大学教育集团（南山）附属实验学校是一所科技教育特色鲜明，具有实验性、示范性、开放性、人文性的探索未来教育发展的现代学校，以培养适应未来社会发展的具有创新素养的人才为目标。该校不仅强化课程创新教学，还非常重视对学生实验操作创新能力的培养，构建了以中科智能教考系统为基础的理化生智考实验室。其建设布局如图 4-10 所示。

图 4-10　南方科技大学教育集团（南山）附属实验学校理化生智考实验室

第二节　联课课堂智能分析系统——课堂师生互动分析新模式

1. 公司简介

联课课堂智能分析系统是上海联课智能科技有限公司（简称联课）的主打产品之一。该公司总部位于上海市闵行区，成立于 2019 年，注册资金 1000 万元。联课是一家基于物联网、大数据、人工智能技术的以教育大数据平台研发为主的高科技企业，拥有一支由中国工程院院士领导的高素质、高能力的研发队伍。2023 年 2 月，其课堂分析产品获得工信部、科技部首届全国人工智能创新应用大赛一等奖；2023 年 8 月，其课堂分析产品"大规模课堂人工智能分析助推教师发展"获教育部区域发展类智慧教育优秀案例。目前,联课课堂智能分析系统已经在上海市宝山区、浦东新区以及杭州市上城区、拱墅区等教育信息化先进地区开展课堂循证研究,辅助教师开展课堂教学研究,教学效果提升显著。

2. 产品特性

联课的主打产品由联课传感器以及联课课堂智能分析系统共同组成。其中,联课传感器可以将普通黑板升级为互联黑板,在不改变教师任何使用习惯(普通粉笔)的情况下,对上课过程中最重要的板书、PPT、语音实时高清采集,进而实现对教学过程的常态化、伴随式、多层次、全方位的数字化采集,包括师生语音、板书、课件、视频、师生行为、心理表现、学情、环境、设备等数据,为后续的智能分析提供数据支撑。联课系统的优势在于对课堂教学过程中的各类多模态异构数据进行常态化、伴随式、轻量级采集,其采集的数据量是传统录播方式的1%,数据存储与处理成本下降90%以上,解决了课堂视频实录存储空间不足的难题,进而实现真实课堂的数字孪生。另外,基于人工智能技术的联课课堂智能分析系统,在对课堂教学过程中采集的大量非结构化、多维度行为数据进行系统、清晰挖掘的基础上,构建了数据驱动的课堂观察活动多元分析与改进模型,从而系统地分析课堂结构、教师教学风格、师生动态行为、课堂思维等特征,并输出教师课堂教学的数字画像与分析报告,为促进教师对教学及教研的反思、分析、诊断提供了基于数据的循证依据。

联课课堂智能分析系统以问题化学习"三位一体"课堂首要原理建构课堂分析框架,即课堂"以学生问题为起点、以学科问题为基础、以教师问题为引导",基于学生、教师、学科的课堂要素与师生关系的教育哲学思考,从"学生学习维度、教师引导维度、师生互动维度与学科教学维度"科学建立课堂分析逻辑,使得课堂教学行为分析系统而全面。另外,该系统还能依据不同话语系统下高阶思维能力之间的关系进行有效分析,建立分析编码体系,对每种思维活动形式下的能力要素进行编码,形成了6种课堂诊断分析报告,为教师进行课堂教学效果循证提供素材。

(1)基于弗兰德斯编码的课堂互动分析

为了精细化地分析课堂师生互动行为,联课课堂智能分析系统利用人工智能技术对师生的课堂实录视频进行切片,自动生成师生课堂互动行为类型、授课方式的报表,如图 4-11 所示。

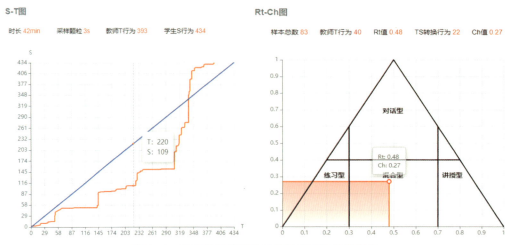

S-T图

时长 42min   采样颗粒 3s   教师T行为 393   学生S行为 434

T: 220
S: 109

Rt-Ch图

样本总数 83   教师T行为 40   Rt值 0.48   TS转换行为 22   Ch值 0.27

对话型

Rt: 0.48
Ch: 0.27

练习型   混合型   讲授型

图 4-11   基于弗兰德斯编码的课堂互动类型报表

（2）基于布鲁姆认知目标的认知层次分布

布鲁姆作为教育理论研究的代表性专家，其认知目标分类理论在世界范围内得到了广泛的认可，他将认知目标分为知识、领会、应用、分析、综合和评价六个层次，如图 4-12 所示。联课课堂智能分析系统利用语音识别技术，并结合各学科的知识点，建立了基于布鲁姆认知目标的课堂教学认知层次分布图（图 4-13）。

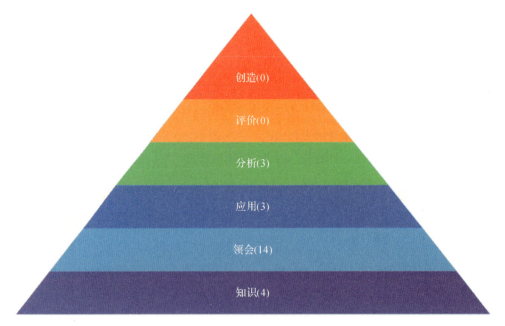

创造(0)

评价(0)

分析(3)

应用(3)

领会(14)

知识(4)

图 4-12   布鲁姆认知目标层级

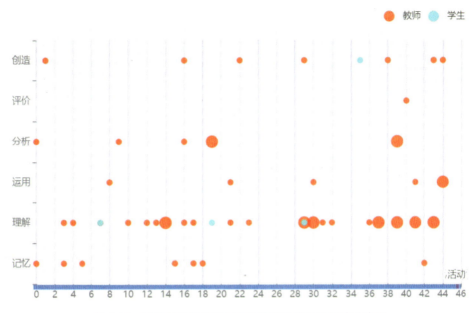

图 4-13　基于布鲁姆认知目标的课堂教学认知层次分布图

（3）基于关键词的知识图谱

随着人工智能技术的发展，知识图谱已经成为诊断教学行为和学习行为的重要途径和手段。虽然知识图谱反映的是知识点之间的层级关系，但其表述离不开关键词，这是因为关键词是知识图谱的重要组成部分，知识图谱则通过组织和展示与关键词相关的知识体系，为用户提供更准确、全面的信息。因此，联课课堂智能分析系统，充分利用语音识别技术，对课堂实录视频进行语音提取，并生成课堂师生会话的知识图谱，进而反映教学内容的层级结构，如图 4-14 所示。

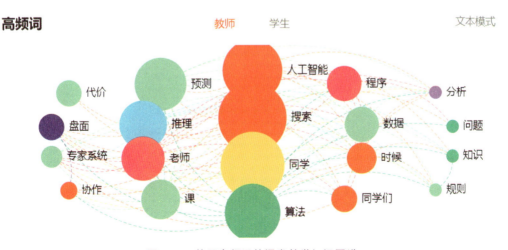

图 4-14　基于高频词的课堂教学知识图谱

（4）基于"五何"问题的雷达图

作为批判性思维的起点和动力，问题意识是推动个体积极探索、寻求解答的内在驱动力。它促使个体对现有知识或现象提出疑问，进而激发思考和探索的过程。问题意识的培养有助于激发个体的好奇心和探究欲，使个体能够主动发现问题、提出问题，从而为批判性思维的发展提供基础。因此，联课课堂智能分析系统，利用语义分析大模型对课堂师生互动话语的含义进行分析，从为何、由何、若何、如何以及是何等维度对课堂话语互动效果进行深入分析，形成"五何"问题的雷达图，如图 4-15 所示。

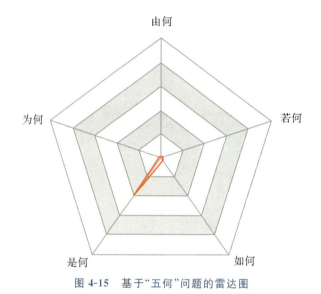

图 4-15　基于"五何"问题的雷达图

（5）师生课堂语言的动态趋势图

师生对话的质量是衡量课堂质量的重要标准，师生话语占比也是反映课堂互动类型的依据。好的课堂应该是以学生为主，教师为辅，其话语分配比例则能真实地反映课堂的互动质量以及会话的过程。为此，联课课堂智能分析系统将整个课堂的师生会话过程按时间进行动态显示，以反映师生会话的动态发展过程，具体如图 4-16 所示。

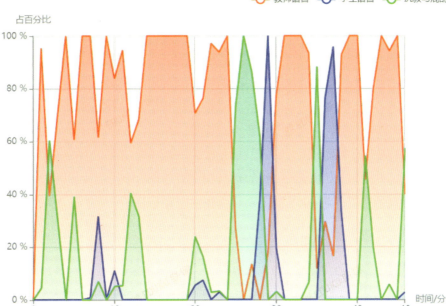

图 4-16　师生课堂语言的动态趋势图

（6）教师提问的时态图

虽然问题意识是推动批判性思维发展的原动力,但在实际课堂中,学生自发进行提问往往难以围绕教学核心问题,且容易偏题。为此,教师的提问则显得尤为重要。一方面,教师的提问可以引导学生围绕焦点问题进行;另一方面,教师的提问可以推动与激发学生进行追问与质疑。基于这样的教学实际,联课课堂智能分析系统,利用深度神经网络算法对课堂互动的话语进一步进行分析,提炼出师生提问的发展演变过程,进而为师生高质量课堂互动评价提供依据,具体过程如图 4-17 所示。

图 4-17　课堂师生提问互动的时间分布

3. 应用案例

联课作为一家新兴的互联网科技企业，其研发团队在增强技术开发力量的同时，还深度参与高校的教育理论探究沙龙与义务教育的教科研活动。例如：与南京师范大学的知识建构团队合作，向国际学习科学界最新的教育理念以及学习科学新方法并融入产品研发；与华东师范大学的教育技术研究团队密切合作，追踪国际教育技术专家最新的研究成果，将基于课堂数据循证的开发模式融入产品平台，形成了基于弗兰德斯互动编码、布鲁姆认知目标层级以及批判性思维问题意识评价的多种课堂评价报表，不但得到了中小学教师的广泛认可，也受到了众多高校的青睐。

（1）义务教育课堂应用案例

联课目前已经在上海宝山区、浦东区、闵行区以及长宁区、大连高新区、长沙雨花区等地区进行广泛的实践，部分应用分布如图 4-18 所示。

图 4-18　联课智能义务教育应用部分案例展示

（2）高等教育课堂应用案例

联课智能在高等教育应用的分布如图 4-19 所示。

图 4-19　智能联课高等教育应用部分案例展示

（3）基于"课堂循证"的教研活动

上海市宝山区、浦东新区等地的教育局利用联课课堂智能分析系统进行"课堂循证"教研活动，即在任课教师将录课视频上传系统后，系统可根据教师的视频自动生成课堂分析报告，主要包含教师引导数据、学生学习数据、课堂互动分析、师生课堂语言、课堂认知结构等方面的课堂数据分析，形成教师教学反思的重要信息，进而有效提升教师的教研反思能力。部分教研活动如图 4-20 至图 4-22 所示。

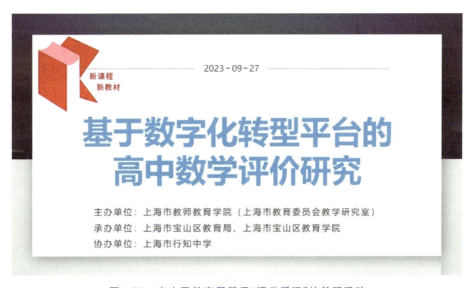

图 4-20　宝山区教育局基于"课堂循证"的教研活动

图 4-21　浦东新区基于"课堂循证"的教研活动

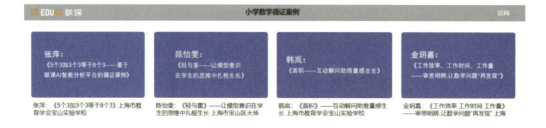

图 4-22　小学教师个人基于"课堂循证"的教研活动反思报告

附　录

ICS 03.180
CCS Y51

团　体　标　准

T/JYBZ 013—2021

实验操作考评系统技术规范

Technical specification of the evaluation system for experimental operations

2021-05-28 发布　　　　　　　　　　　　2021-07-01 实施

中国教育装备行业协会　发布

T/JYBZ 013—2021

目　次

前言 II
1　范围 1
2　规范性引用文件 1
3　术语和定义 1
4　基础架构 2
5　功能要求 4
6　性能要求 6
7　质量要求 8
8　试验方法 8
9　产品使用说明书 9
附录 A（资料性）考场环境要求 11

CEEIA

T/JYBZ 013—2021

前　言

本文件按照GB/T 1.1—2020《标准化工作导则　第1部分：标准化文件的结构和起草规则》的规定起草。

请注意本文件的某些内容可能涉及专利。本文件的发布机构不承担识别专利的责任。

本文件由上海知汇云信息技术股份有限公司提出。

本文件由中国教育装备行业协会归口。

本文件起草单位：上海知汇云信息技术股份有限公司、中国教育装备行业协会教育装备研究院、浙江省教育技术中心、浙江省教育装备行业协会、深圳市教育科学研究院、上海市电化教育馆、宁波市教育服务与电化教育中心、腾讯云计算（北京）有限责任公司、杭州海康威视数字技术股份有限公司、中国电信股份有限公司浙江分公司、辽宁文彬教学设备有限公司、上海大风实验室设备有限公司、深圳市蓝景教育科技有限公司、广东广视通科教设备有限公司、浙江三和科教仪器有限公司、上海锡鼎实业有限公司、北京东方中科达科技有限公司、广东天智实业有限公司。

本文件主要起草人：袁吉尔、施建国、张仲华、许原芝、汤幸初、张治、许炎桥、颜培辉、吴运来、李沐、任烨、汪峰、张宏丹、刘晓建、郭旗雄、周明桂、瞿益顺、刘凯、朱建武、李美英。

本文件为首次发布。

实验操作考评系统技术规范

1 范围

本文件规定了实验操作考评系统的基础架构、功能要求、性能要求、质量要求、试验方法以及产品说明书。

本文件适用于实验操作考评系统的设计、实施、部署、验收以及相关设备的开发、生产和质量控制。

2 规范性引用文件

下列文件中的内容通过文中的规范性引用而构成本文件必不可少的条款。其中,注日期的引用文件,仅该日期对应的版本适用于本文件;不注日期的引用文件,其最新版本（包括所有的修改单）适用于本文件。

GB/T 9969 工业产品使用说明书 总则

GB/T 9813.3—2017 计算机通用规范 第3部分：服务器

GB/T 21028—2007 信息安全技术 服务器安全技术要求

GB/T 22239—2019 信息安全技术网络安全等级保护基本要求

GB/T 29832.2 系统与软件可靠性 第2部分：度量方法

GB/T 29832.3 系统与软件可靠性 第3部分：测试方法

GB/T 32921—2016 信息安全技术 信息技术产品供应方行为安全准则

GB/Z 26822—2011 文档管理 电子信息存储 真实性可靠性建议

3 术语和定义

下列术语和定义适用于本文件。

3.1

实验操作考评系统 evaluation system for experimental operations

由服务器、网络设备、用户终端、视频采集设备、管理平台、管理终端等软硬件组成,运用网络通讯技术、存储技术、视频技术、按照教育考试管理的流程和规范,为实现实验操作考试管理、过程记录、阅卷支持和评价统计的综合性应用信息系统。

3.2

考场 testing room

配备开展实验操作考试设备设施,能开展实验操作考试的实验室或其他符合考试条件的场所。

3.3

考点 examination site

考试期间能够实行封闭管理,考场数量和其他考试用房能够满足考试需要的学校或其他指定场所。

T/JYBZ 013—2021

3.4

用户终端　user terminal

经过实验操作考评系统注册并授权的，能独立进行数据处理和提供网络服务访问的客户端设备，包括监考终端、考生终端。

3.5

管理平台　management platform

为教育考试部门提供信息管理和服务，实现信息资源管理、设备管理、用户管理、网络管理、安全管理等功能的软件平台。

4　基础架构

4.1　物理架构

4.1.1　物理架构组成

实验操作考评系统的物理架构应由管理平台、传输网络、管理终端和用户终端四个部分组成，参见图1。

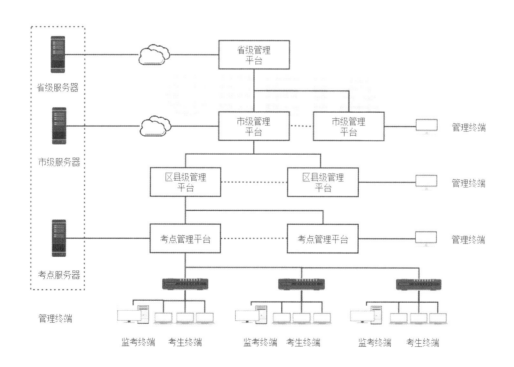

图 1　物理架构

4.1.2　管理平台

根据考试管理工作需要，分为省级管理平台、市级管理平台、区县级管理平台和考点管理平台。

T/JYBZ 013—2021

4.1.3 传输网络

建立在教育专网或公共通信网络之上的 IP 网络，用于连接管理平台、管理终端和用户终端。

4.1.4 管理终端

能查看、管理及保存系统基础信息、考生实验操作考试信息的设备。

4.1.5 用户终端

包括各级考务工作人员使用的监考终端和考生使用的考生终端。

4.2 功能架构

4.2.1 功能架构组成

实验操作考评系统的功能架构由基础信息管理、考务管理和考试管理组成。功能架构参见图2。

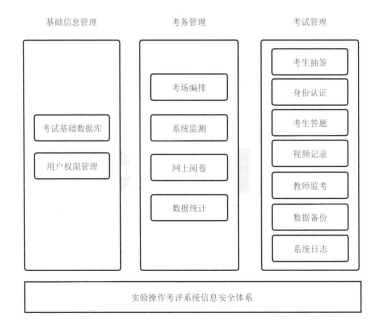

图 2　功能架构

4.2.2 基础信息管理

基础信息管理包括考试基础数据库、用户权限管理。

4.2.3 考务管理

考务管理包括考场编排、系统监测、网上阅卷和数据统计。

4.2.4 考试管理

考试管理包括考生抽签、身份认证、考生答题、视频记录、教师监考、数据备份和系统日志。

T/JYBZ 013—2021

5　功能要求

5.1　基础信息管理

5.1.1　考试基础数据库

5.1.1.1　应包含教育教学机构库、考点库、考场库、考务管理人员库、评卷人员库、考生库、考题库的功能。

5.1.1.2　应具备数据录入、增加、修改、删除功能，具有数据的导入、导出、下发、保存、备份的功能。

5.1.1.3　应具备设备、用户、数据等统一命名的功能，能将管理机构、考点、用户、设备、考试资料进行统一命名编码并加密保存到数据库。

5.1.2　用户权限管理

5.1.2.1　应具有用户授权和用户认证的功能。用户及权限管理可由各级管理平台独立执行，也可集中执行。

5.1.2.2　应具有设置不同属性角色的功能，如管理员、教师、考生；有定义用户对设备操作权限、访问数据权限、使用程序权限的功能；有对不同角色分配不同权限类型的功能。

5.2　考务管理

5.2.1　考场编排

5.2.1.1　应具有为每场实验操作考试设置考点学校、考场教室、考试学科、考试题目的功能。

5.2.1.2　应具有为每场实验操作考试设置监考教师、阅卷教师、管理员、考生的功能。

5.2.1.3　应具有为每场实验操作考试设置考点人数、考试批次、考试时长、每场考试间隔时间、考生准考证、考生座位安排的功能。

5.2.1.4　应具有有为每场实验操作考试设置批阅方式、复评方式、仲裁方式的功能。

5.2.2　系统监测

应具有实时监测各考场设备实时运行信息、考试进行情况的功能。

5.2.3　网上阅卷

5.2.3.1　应具有答卷文件管理、阅卷任务管理、阅卷教师管理、阅卷场所管理、阅卷质量监控、阅卷技术人员管理的功能。

5.2.3.2　应具有单人阅卷、多人阅卷的阅卷方式，阅卷界面不出现任何考生信息，能实时查看阅卷教师的阅卷进度，能定格、倍速播放和回放考生实验操作视频。

5.2.3.3　应具有自定义的复评流程，同份试卷不同阅卷人评分差距达到设定阈值时，能自动进入复评流程。

5.2.3.4　应具有自定义阅卷标注功能，对视频试卷中的错误点及评分点进行标注。

5.2.4　数据统计

5.2.4.1　应具有考生信息、答题信息、成绩信息的数据统计功能，可打印和导出各种数据报表。

5.2.4.2　应具有考题、考评点的考生出错率的数据统计功能。

5.2.4.3　应具有总考生人数、验证通过人数、未通过人数、缺考人数的数据统计功能。

T/JYBZ 013—2021

5.2.5　AI（Artificial Intelligence）评分

5.2.5.1　AI评分模块整体为可选模块。

5.2.5.2　具有用于实验考试以及日常实验教学的功能。

5.2.5.3　具有为人工智能算法提供的基础训练数据库,基础训练数据库包含考生实验视频、评分依据,并包含经过仲裁确认的教师人工评分数据。

5.2.5.4　AI评分技术通过声音、图像、文字等方式从学生实验操作获取数据和信息的能力,转化为系统掌握的知识。根据学生实验操作的数据、信息,运用掌握的知识进行评判,并反馈给外界。

5.2.5.5　AI评分的应用经历以积累数据和经验为主、评分决策为辅的探索期,以人工评分为主、AI评分为参考的试用期,以从标准化程度高的实验项目AI评分起步、逐步扩大实验项目范围的实践期。

5.2.5.6　当AI评分受到质疑时,系统应具有支持人工复评对成绩进行裁定的功能。

5.3　考试管理

5.3.1　考生抽签

应具有随机安排考生座位的功能,抽签信息应能够及时在显示设备上呈现。

5.3.2　身份认证

5.3.2.1　应具有监考人员和考生的用户登录功能,能显示用户信息。

5.3.2.2　应具有验证考生身份信息的功能,能与基础信息数据进行比对和确认。

5.3.3　考试答题

5.3.3.1　考生使用考生终端应能在线接收实验操作考题、阅读考题内容并通过终端答题。

5.3.3.2　考题类型应包括选择题、填空题。

5.3.3.3　应具有考生自主交卷的功能和设定时间系统自动开考、自动收卷功能。

5.3.4　视频记录

5.3.4.1　每位考生处应有双路及以上摄录考生实验操作考试的视频采集设备,视频数据能存储到考生终端、考点服务器或管理平台的存储设备上。

5.3.4.2　应具有视频数据的检索和回放的功能。

5.3.4.3　应具有检验或判定视频数据完整性的功能。

5.3.5　教师监考

5.3.5.1　监考终端应能监测考生终端的运行情况,能允许、拒绝考场内任意的考生终端接入,能显示接入考生终端上的考生信息,能控制考生终端上的试卷下发和交卷。

5.3.5.2　监考终端能调取、显示考场内所有考生终端摄像头的视频信息。单个监考终端最大能接受24组（48路及以上）摄像头的视频信息,并可选择放大任何1组摄像头的视频信息。

5.3.5.3　当考生终端屏幕信息和考生实验操作考试的视频出现停滞、卡顿、中断或取景范围超过设定范围时,监考终端应显示报警信息。

5.3.6　数据备份

市级服务器应有保存和备份历年考试数据到指定存储设备的功能。数据内容包括实验视频和图片、考试成绩、评分信息、答卷和试卷。

5.3.7　系统日志

T/JYBZ 013—2021

应有用户登录、用户操作、设备巡检、数据读取的系统日志功能。

6 性能要求

6.1 系统运行

单个考场能支持但不仅限于 24 名考生同一时刻开展实验操作考试。单个考点学校中的多个考场应能同步开展实验操作考试。

6.2 数据传输

6.2.1 单场考试结束后,考生实验操作考试的全部数据应能手动或自动上传到由市级服务器和考点服务器组建而成的数据中心。在 100 Mbps 的网络带宽下,24 名考生的实验操作考试全部数据(包括文字、图片、视频),应能在 2 小时内传输完成。

6.2.2 数据应采取单独加密传输,只有被授权用户才能读取和查看。

6.3 视频同步

每位考生实验操作考试的双路或多路视频图像播放全程应保持相互时延小于 1 秒。

6.4 在线阅卷

单场考试结束 2 小时后,应能对本场考试的考生实验操作进行网上阅卷。

6.5 服务器

6.5.1 服务器设备的基本功能和性能应符合 GB/T 9813.3—2017 的要求。

6.5.2 服务器设备的 CPU、内存、硬盘、网络接口等的可靠性应符合 GB/T 21028—2007 的有关要求。

6.5.3 用于数据库、安全认证的服务器宜采用双机备份的方式。

6.6 存储设备

各级管理平台应根据安全管理的要求和存储策略合理配置存储设备,满足保存 3 年考试数据的要求。

6.7 监考终端

6.7.1 中央处理器

处理器主频应不低于 2.53 GHz。

6.7.2 内存容量

内存容量≥16 GB。

6.7.3 硬盘容量

硬盘容量≥1 TB。

6.7.4 操作系统

应采用正版操作系统。

6.7.5 接口要求

T/JYBZ 013—2021

具备 USB 接口，不小于 100 Mbps 的以太网端口。

6.7.6　显示器尺寸

显示器尺寸不小于 23 in。

6.8　考生终端

6.8.1　摄像头

6.8.1.1　应具备有线或无线两路及以上视频采集摄像头，摄像头性能不低于 720P 视频分辨率，视频帧速不低于 20 帧/秒，H.264 或 H.265 视频编码标准或 MJPEG 图片数据流标准。

6.8.1.2　摄像头宜配有固定支架和可调节支架杆，单个摄像头的移动范围不小于水平 300 mm，垂直 300 mm。

6.8.2　接口要求

具备 USB 接口，不小于 100 Mbps 的以太网端口，或采用无线 WIFI 接入。

6.8.3　显示器尺寸

显示器尺寸不小于 7 in。

6.9　电子目镜

6.9.1　采集像素

不低于 200 万像素。

6.9.2　其他要求

宜由 USB 接口供电。

6.10　交换机

6.10.1　性能要求

交换机端口数应不低于 48 口，端口应为 10/100/1 000 Mbps 自适应端口。

6.10.2　交换带宽

交换带宽应不低于 96 Gbps。

6.11　路由器

6.11.1　配置要求

不低于 1 200 M 双频企业级无线路由器的配置要求。

6.11.2　端口要求

不少于 2 个 10/100/1 000 Mbps WAN 口、3 个 10/100/1 000 Mbps LAN 口。

6.12　网线

网线性能应不低于六类网线要求。

T/JYBZ 013—2021

7　质量要求

7.1　互通性

各级管理平台之间应能够进行权限内的通信和数据共享。

7.2　扩展性

系统应采用模块化设计，系统规模和功能易于扩充，系统配套软件可升级。

7.3　安全性

系统应具有身份鉴别、访问控制、数据保护、入侵防范、恶意代码防范、数据完整性防范措施。系统对存储、处理、传递、输出的信息有相应的密级标识，根据应用要求进行适当加密。系统对账号、密码、数据有分级管理、逐级负责的保密措施，保密措施应与所处理信息的密级要求相一致。采用非对称密码技术。

7.4　可靠性

应采用成熟、稳定和通用的技术和设备，关键部分应有备份、冗余措施，有容错和系统恢复能力。

7.5　可维护性

系统应具备设备自检、故障诊断功能，在硬件设备出现故障时，应能通过替换故障设备的方式，快速修复故障。

市级和区县级管理平台的恢复时间不应超过 30 分钟。用户终端设备宜采用支持固件在线升级的产品，异常时应能通过一键重启，自动恢复。

7.6　用户信息保护

用户相关信息收集和处理应符合 GB/T 32921—2016 第 4.2 条 f。

8　试验方法

8.1　试验条件

8.1.1　架设各级管理平台，配置必要的服务器和存储设备，平台相互间网络带宽不低于 100 Mbps。

8.1.2　架设考场，配置 1 台监考终端和 24 台考生终端。考场内监考终端、考生终端、管理终端相互间网络带宽不低于 100 Mbps。

8.1.3　配置实验操作考试与评价需要的基础信息、考务信息和考试信息，配备实验操作人员、监考人员和阅卷人员。

8.2　功能要求

核查5.1、5.2、5.3，应满足规定的各项功能要求。

8.3　性能要求

8.3.1　系统运行

考场内 24 台考生终端应能同时开展实验操作考试，身份认证、考试答题、视频记录、教师监控、数据备份、系统日志的功能正常。

T/JYBZ 013—2021

8.3.2 数据传输

8.3.2.1 在试验条件下，24 台考生终端分别记录单个实验操作数据，从最后 1 台考生终端结束实验操作开始，到 24 组实验操作数据（包括文字、图片、视频）传输到区县级管理平台完毕，用时应不超过 2 小时。

8.3.2.2 记录在用户终端中的文字、图片、视频数据，在没有解密密钥下应无法正常浏览或播放。

8.3.3 视频同步

使用一只最小分度值为 0.01 秒的电子秒表，用单台考生终端的两路摄像头同时拍摄并存储电子秒表计时状态的视频。在网上阅卷功能中调取该考生终端生产的双路视频，同一时刻定格双路视频，双路图像上电子秒表显示的时间差全程小于 1 秒。

8.3.4 在线阅卷

24 台考生终端分别记录单个实验操作数据，从最后 1 台考生终端完成实验操作。2 小时后，区县级管理平台的网上阅卷可以批阅任意一组实验操作数据。

8.4 质量要求

8.4.1 互通性

核查各级管理平台之间应能进行通信和共享数据。

8.4.2 扩展性

核查系统应采用模块化设计，系统规模和功能应易于扩充，系统配套软件应具有升级能力。

8.4.3 安全性

按 GB/T 22239—2019 第 7.1.4 条中有关要求进行检验。

8.4.4 可靠性

8.4.4.1 系统可靠性按 GB/T 29832.2、GB/T 29832.3 中有关要求进行检验。

8.4.4.2 存储信息可靠性按 GB/Z 26822—2011 第 3～7 章有关要求进行检验。

8.4.5 可维护性

服务器、存储设备保持正常性能运行，省级管理平台、市级管理平台、区县级管理平台或考点管理平台出现无响应或宕机的情况，通过系统重置方式，应能在 30 分钟内恢复全部系统功能。

8.4.6 用户信息保护

按 GB/T 32921—2016 第 4.2 条进行检验。

9 产品使用说明书

产品使用说明书的基本要求，可按照 GB/T 9969，产品使用说明书内容应包括：

a) 系统设备名称、规格、数量；
b) 系统安装和调试要求；
c) 系统运行设置和注意事项；

T/JYBZ 013—2021

　　d)　系统使用说明；

　　e)　系统维护要求；

　　f)　系统常见故障和处理方法；

　　g)　售后服务、企业详细地址和联系方式。

T/JYBZ 013—2021

附 录 A

（资料性）

考场环境要求

A.1 考场内宜安装网上巡查系统终端。

A.2 考场内正前方设监考工作台，放置监考终端，至少应有二极插座和三极插座。

A.3 考生实验桌单人不小于 60 cm×120 cm，放置考生终端，至少应有二极插座和三极插座。

A.4 考生座位按考试要求编排方式确定，课桌指定位置贴考生座位号。

A.5 教室采光与照明应符合 T/JYBZ 005 中的有关规定。其中包括，使用荧光灯具照明时，电子镇流器应使用输出给灯电流的频率在 40 kHz～50 kHz 范围内；使用 LED 灯具时，其光输出波形的波动深度应小于等于表 1 的限值。

表1 波动深度限值要求

	光输出波形频率 f			
	f≤10 Hz	10 Hz<f≤90 Hz	90 Hz<f≤3 125 Hz	3 125 Hz<f
波动深度限值（%）	0.1	f×0.01	f×0.032	免除考核

A.6 实验室的通风换气应符合 GB/T 17226—2017 中有关要求。

A.7 实验室的木制设备应符合 GB 18584—2001 有关要求。

A.8 教室网络出口带宽不小于 100 Mbps。

A.9 宜配备电脑，用于考试现场考生的考题抽取工作，抽取结果能在大屏上显示。

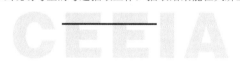

参 考 文 献

［1］王会军.浙江教育技术史［M］.杭州:浙江教育出版社,2017.

［2］浙江省统计局. 2023 年浙江统计年鉴［OL］.（2023-10-16）［2024-05-21］.https://tjj. zj. gov. cn/art/2023/10/16/art_1525563_58960915. html.

［3］中华人民共和国教育部. 2022 年教育统计数据［OL］.（2023-12-29）［2024-05-21］. http://www. moe. gov. cn/jyb_sjzl/moe_560/2022/.

［4］中华人民共和国教育部.2022 年全国基本情况［OL］.（2023-12-29）［2024-05-21］. http://www. moe. gov. cn/jyb_sjzl/moe_560/2022/quanguo/.

［5］中华人民共和国教育部.2022 年教育统计数据［OL］.（2023-12-29）［2024-05-21］. http://www. moe. gov. cn/jyb_sjzl/moe_560/2022/

［6］浙江省教育技术中心.《2011—2022 年浙江省普通中小学教育技术装备统计分析》［OL］.（2024-03-21）［2024-05-22］.https://www. zjedu. org.

［7］中华人民共和国教育部.教育部关于印发《县域义务教育优质均衡发展督导评估办法》的通知［EB/OL］.（2017-04-26）［2022-10-03］.http://www. moe. gov. cn/srcsite/A11/moe_1789/201705/t20170512_304462. html.

［8］浙江省教育技术中心.关于印发《2022 年度浙江省普通中小学教育技术装备统计分析》的通知［EB/OL］.（2023-03-10）［2024-05-22］. https://www. zjedu. org/art/2023/3/13/art_275_50491. html.

［9］中华人民共和国教育部.中共中央 国务院关于深化教育教学改革全面提高义务教育质量的意见［EB/OL］.（2019-07-08）［2024-05-22］.http://www. moe. gov. cn/jyb_xxgk/moe_1777/moe_1778/201907/t20190708_389416. html.

［10］国务院办公厅.国务院办公厅关于印发体育强国建设纲要的通知［EB/OL］.（2019-09-02）［2024-05-23］. https://www. gov. cn/zhengce/content/2019-09-02/content_5426485. htm.

［11］祝智庭,贺斌.智慧教育:教育信息化的新境界［J］.电化教育研究,2012,33(12):5-13.

［12］黄荣怀.智慧教育的三重境界:从环境、模式到体制［J］.现代远程教育研究,2014(06):3-11.

[13] 孔德彭,孔德辉,闫艳敏.以"学习用户"为中心的智慧教育装备服务设计研究[J].中国教育信息化,2013,(11):59-62.

[14] 王蓉.中国教育新业态发展报告(2017):基础教育[M].北京:社会科学文献出版社,2018.

[15] 顾小清,华东师范大学.2022年人工智能教育蓝皮书[OL].(2022-03-24)[2024-05-24].https://www.tisi.org.

[16] 浙江省发展规划研究院等.2022年浙江省人工智能产业发展报告[R].(2022-08-31)[2024-05-24].https://www.zdpi.org.cn/txtread.php?id=16550.

[17] 艾瑞咨询研究院.2023年全球课后服务行业报告[EB/OL].(2023.6)[2024-05-24].https://www.iresearch.com.cn/Detail/report?id=4203&isfree=0.

[18] 中华人民共和国教育部.教育部关于当前加强中小学管理规范办学行为的指导意见[EB/OL].(2009-04-22)[2024-05-24]http://www.moe.gov.cn/srcsite/A06/s3321/200904/t20090422_77687.html.

[19] 教育部办公厅.教育部办公厅关于做好中小学生课后服务工作的指导意见[EB/OL].(2023-12-29)[2024-05-25].http://www.moe.gov.cn/srcsite/A06/s3325/201703/t20170304_298203.html.

[20] 国务院办公厅.国务院办公厅关于规范校外培训机构发展的意见[EB/OL].(2018-08-06)[2024-05-25].http://www.moe.gov.cn/jyb_xxgk/moe_1777/moe_1778/201808/t20180822_345833.html.

[21] 中华人民共和国教育部.中共中央办公厅、国务院办公厅印发《关于进一步减轻义务教育阶段学生作业负担和校外培训负担的意见》[EB/OL].(2021-07-24)[2024-05-25].http://www.gov.cn/gongbao/content/2021/content_5629601.htm.

[22] 中华人民共和国教育部.校外培训行政处罚暂行办法[EB/OL].(2023-08-23)[2024-05-25].http://www.moe.gov.cn/srcsite/A02/s5911/moe_621/202309/t20230912_1079788.html.

[23] 王蓉.中国教育新业态发展报告(2017):基础教育[M].北京:社会科学文献出版社,2018.

[24] 陆飞.新型文具市场需求倍增[N].经济日报,2023-09-01(008).

[25] 于仲景.美国科学玩具为何具有市场潜力?[J].国际市场,1999,(12):22.

[26] 吴琼,李建荣.科普实验包把家变成实验室[N].大众科技报,2010-12-03(A02).

[27] Kristin Morency Goldman,张芷盈.娱乐科教新品玩学兼具大热海外[J].中外玩具制造,2020,(11):61-62.

[28] 田馨.新课程下教师课堂教学行为评价指标体系初探[D].贵阳:贵州师范大学,2005.

[29] 丁洁.高中优质地理课教师课堂教学行为评价研究[D].上海:华东师范大学,2010.

［30］范晓婧.初中数学教师课堂教学行为评价指标体系的研究［D］.大连:辽宁师范大学,2010.

［31］靳昕.大学文科教师课堂教学行为评价指标体系研究［D］.大连:辽宁师范大学,2011.

［32］殷常鸿.非遗手工文化体验教程.编织.济南:济南出版社,2022.

［33］殷常鸿.非遗手工文化体验教程.木工.济南:济南出版社,2022.

［34］殷常鸿.非遗手工文化体验教程.纸艺.济南:济南出版社,2022.

［35］殷常鸿.非遗手工文化体验教程.面塑.济南:济南出版社,2022.

［36］殷常鸿.非遗手工文化体验教程.布艺.济南:济南出版社,2022.

［37］殷常鸿.非遗手工文化体验教程.综合.济南:济南出版社,2022.

［38］王富.中国教育装备行业蓝皮书(2020版),北京:知识产权出版社,2020.

［39］王富.中国教育装备行业蓝皮书(2017版),北京:中国大百科全书出版社,2017.

［40］阮智富,郭忠新.现代汉语大词典［M］.上海:上海辞书出版社,2009.

［41］汉语大字典编辑委员会.汉语大字典(第二版九卷本)［M］.成都:四川辞书出版社,2010.

［42］夏征农,陈至立.大辞海(语词卷)［M］.上海:上海辞书出版社,2003.

［43］罗竹风.汉语大词典［M］.上海:上海辞书出版社,1986.

［44］THOMAS F. G. *Managing human competence*［M］.Praxis Corporation,1975.

［45］NICKOLS，F. W. Concerning performance and performance standards:An opinionl［J］.*NSPI Journal*,1977,16(1).

［46］SONNENTAG，S,FRESE，M. Performance concepts and performance theory［A］.In:Sonnentag,s. (Eds.). *Psychological management of individual performance*［C］.John Wilcy & Sons,Ltd.2002.

［47］张祖忻.绩效技术概论［M］.上海:上海外国语大学出版社,2003.

［48］ROSENBERG，M. J. Performance technology:Working the system［J］.*Training*,1990,27(2).

［49］陈雄文.管理学大辞典［M］.上海:上海辞书出版社,2013.

［50］夏征农,陈至立.大辞海(管理学卷)［M］.上海:上海辞书出版社,2011.

［51］艾伦.教育装备绩效评价技术研究(①):变量选择与处理［J］.中国现代教育装备,2016(13):1-4.

［52］殷常鸿,吴靖,艾伦.教育装备绩效评估研究［J］.中国现代教育装备,2014(24):1-5.

［53］殷常鸿.基础教育装备采购绩效评估［J］.实验室研究与探索,2014(12):281-285,294.

［54］陈丽娜.教育技术装备绩效评价研究［D］.武汉:华中师范大学,2011.

［55］鞠开端.中小学教育技术装备绩效评估研究［D］.武汉:华中师范大学,2018.

［56］郝佩瑜.学校教育技术装备绩效评价研究［D］.石家庄:河北师范大学,2022.

后　记

　　教育装备作为教育教学活动开展的物质基础和保障,是实现教育现代化的根本,也是提升教育教学质量的关键,历来都是各类学校、研究机构以及相关企业关注的焦点。政府部门出台了系列的建设标准、发展规划以及相关的政策文件,且每年都投入了大量资金进行教育装备的系统建设与改造升级,所取得的成效斐然。但纵观学界,真正从事教育装备理论研究的人却寥寥无几,相关研究成果也都名不见经传。究其原因,就是现在教育理论界的多数专家以及学者认为教与学的关键在于人,而教育装备作为外在的辅助手段,其功能与作用有限,无法从根本上发挥作用,进而对教育装备相关理论的研究置若罔闻。

　　笔者作为教育装备理论研究的发起人,首次在《教育装备理论框架构建浅析》(刊登于《中国教育技术装备》2005 年 11 期)一文中提出构建教育装备理论框架。这是目前有关教育装备理论研究引用最多的一篇文献,但据中国知网数据库统计,其也仅被引用几十次。对教育装备理论的系统研究源起于首都师范大学教育技术专业于 2002 年开设的一个硕士研究生研究方向。自此以后,以首都师范大学艾伦教授为首的一批学者开启了教育装备理论研究的热潮。艾伦教授深耕教育装备理论研究多年,发表了有关教育装备理论研究的论文 60 余篇,对教育装备的本质、内涵等展开了深入的探讨与分析。但这些论文几乎都刊登在《中国现代教育装备》与《中国教育技术装备》两本普通刊物上,其学术影响平平,并未在学界引起波澜。为了扭转这种尴尬的局面,笔者曾在北大核心期刊《实验室研究与探索》《实验技术与管理》以及 CSSCI 核心期刊《现代教育技术》上刊发 10 余篇相关研究论文,但依然收效甚微。

　　除了期刊学术论文,有关教育装备研究的著作也屈指可数。理论层面主要有《中国教育装备理论发展史》《教育装备论》《教育装备研究方法》《教育装备理论的哲学分析》以及《教具理论研究导论》等 5 部专著;应用层面有《教育装备基础与实践》、《中英教育装备标准比较研究》、《教育装备自觉论》、《中国教育装备行业蓝皮书》(系列年度报告)以及《教育装备学导论》、《教育装备运筹规划》(系列教材)等著作。可以说,教育装备理论的研究捉襟见肘。

　　尽管教育装备的理论研究势单力薄,但教育装备系统自身的发展以及教育装备在教育领域的应用却蒸蒸日上。尤其是人工智能技术的快速发展与应用普及，为教育装备的发展注入了新的活力，即教育装备由原来传统的、固态的物质设备设施，逐步发展为具有一定环境感知、行为分析以及应用效果反馈功能的智能处理终端，其应用逐步系统化和场景化。正是教育装备功能与性能的拓展，使得教育装备由原来作为教与学辅助设备的被动应用，逐步转变为主动融入教与学的实践过程，成为教师与学生获得与处理信息的认知工具和感知系统。为了对教育装备的实践应用进行更好的梳理，笔者尝试从基础教育装备入手，以浙江省为研究样本，遵循科学性、全面性、真实性的原则，从一线企业、学校的实践需求出发，经过文献梳理、问卷调查和实地走访等多种途径和方式进行系统调研，结合浙江省教育装备发展现状和发展规划，对基础教育装备产业的发展态势以及基础教育装备的应用现状展开分析，对理论发展与实践应用进行有机融合，为教育装备产业的发展提供参考，并借此开辟教育装备应用研究的新赛道，以期为相关企业进行教育装备产品研发、销售提供依据，为政府管理部门以及各级各类学校教育装备建设规划和采购提供参考，在促进浙江省教育装备企业健康发展的同时，也为企业和学校掌握教育装备行业动态和发展趋势提供引领。

本书作为理论与实践相结合的初步探索，受限于笔者自身能力以及现有条件的支撑，相关数据分析以及理论阐释难免有诸多不足与偏颇，笔者将诚恳地接受各方的批评与建议，并表示诚挚的谢意！此外，为了更好地进行教育装备的理论研究，实现教育装备的实践应用，笔者愿意结交更多的教育装备行业从业人员，教育装备、研究机构管理人员等，一起进行教育装备的研究，为其健康而快速的发展贡献力量，并逐步完善其理论体系，努力将其发展成一门独立的学科。